SAMSON / DAS NEUE URHEBERRECHT

Schriftenreihe der UFITA Heft 32

Archiv für Urheber-, Film-, Funk- und Theaterrecht

Herausgegeben von Dr. jur. Georg Roeber, München

Prof. Dr. Benvenuto Samson

DAS NEUE URHEBERRECHT

BADEN-BADEN
VERLAG FÜR ANGEWANDTE WISSENSCHAFTEN
1966

Druck: Bintz-Dohany, Offenbach (Main)

Inhaltsverzeichnis

Abkürzungen

BGBl.	Bundesgesetzblatt
BDB	Börsenverein des Deutschen Buchhandels
BGH	Bundesgerichtshof
BKA	Bundeskartellamt
BT	Deutscher Bundestag
BVerfG.	Bundesverfassungsgericht
GRUR	Gewerblicher Rechtsschutz und Urheberrecht
GRUR Ausl.	dasselbe: Auslands- und Internationaler Teil
GWB	Gesetz gegen Wettbewerbsbeschränkungen
KUG	Gesetz betreffend das Urheberrecht an Werken der bildenden Künste und der Photographie vom 9. 1. 1907
LM	Lindenmaier-Möhring, Nachschlagewerk des Bundesgerichtshof
LUG	Gesetz betreffend das Urheberrecht an Werken der Literatur und der Tonkunst vom 19. 6. 1901
NJW	Neue Juristische Wochenschrift
Prot.	Protokolle
RA	Rechtsausschuß des Bundestages
RefE	Referentenentwurf
RegE	Regierungsentwurf des Urheberrechtsgesetzes vom 23. 3. 1962 (Bundestagsdrucksache IV/270)
RG	Reichsgericht
RBÜ	Revidierte Berner Übereinkunft zum Schutze von Werken der Literatur und Kunst
UAUrh.	Unterausschuß „Urheberrecht" des Rechtsausschusses des Deutschen Bundestags
UFITA	Archiv für Urheber-, Film-, Funk- und Theaterrecht
UG	Gesetz über Urheberrecht und verwandte Schutzrechte (Urheberrechtsgesetz) vom 9. 9. 1965
VerlG	Verlagsgesetz
VerwG	Verwertungsgesellschaft
VerwGG	Gesetz über die Wahrnehmung von Urheberrechten und verwandten Schutzrechten vom 9. 9. 1965
WUA	Welturheberrechtsabkommen

Einleitung

Die vorliegende Schrift soll weder ein Lehrbuch, einen Grundriß noch gar einen Kommentar ersetzen; sie hat sich zur Aufgabe gestellt, das neue System des Urheberrechtsgesetzes vom 9. September 1965, (BGBl I. S. 1273 ff. = UFITA Bd. 45 [1965] S. 100 ff.), die darin enthaltenen Änderungen der einzelnen Bestimmungen zu erörtern und die Unterschiede zur bisherigen Rechtslage aufzuzeigen. Hierzu sollen in erster Linie die Begründung des Regierungsentwurfes (RegE), die Protokolle des Rechtsausschusses (RA) und dessen Unterausschusses „Urheberrecht" (UAUrh.) und die für die Auslegung des Gesetzes allerdings nicht allzu ergiebigen Verhandlungen im Plenum des Deutschen Bundestages (BT) am 6. Dezember 1963 (1. Beratung, 100. Sitzung, Prot. S. 4639 ff. = UFITA Bd. 46 [1966] S. 147 ff.) und vom 25. Mai 1965 (2. und 3. Lesung, 187. Sitzung, Prot. S. 9416 ff. = UFITA Bd. 46 [1966] S. 201 ff.) herangezogen werden. Sie geben jedenfalls am besten den Willen des Gesetzgebers zum Ausdruck; ob dieser mit dem objektiv aus dem Wortlaut herauszulesenden Willen des Gesetzes übereinstimmt, werden wissenschaftliche Forschung und Rechtsprechung in der Zukunft lehren.

Der Fortschritt der Technik hat gerade im Urheberrecht in vielen Fragen das bisherige Gesetz überrollt, die Rechtsprechung zu einer außerordentlich extensiven Interpretation gezwungen und geradezu zu einem Richterrecht geführt, das zwar von den Positivisten gefürchtet und bekämpft worden ist, sich aber in dem vom Bundesgerichtshof selbst begrenzten Ausmaß hervorragend bewährt hat.

Das neue Gesetz wird — dazu gehört keine Prophetengabe — denselben Weg gehen. Die sich immer noch schnell weiter entwickelnde Technik im Fernsehen, in der Ton- und Bildträgerfabrikation, in der Elektronik, in den Methoden der Vervielfältigung, zumal von umfangreichen Schriftwerken, wird wahrscheinlich die Unzulänglichkeit des Gesetzeswerkes in einzelnen Punkten sehr bald erweisen, weil zwangsläufig der dynamische Fortschritt der Technik mit der Statik der Gesetzgebung stets in Kollision gerät. Die jetzt zu Ende gegangenen Reformbestrebungen liegen mehr als 30 Jahre zurück. Der erste Entwurf des Reichsjustizministeriums stammt aus dem Jahre 1932. Obwohl wir nunmehr ein den geänderten und verstärkten Ansprüchen der Urheber entsprechendes und den modernen wirtschaftlichen, technischen und kulturellen Verhältnissen besser angepaßtes Gesetz erhalten haben, zeichnen sich dennoch am Horizont schon wieder neue rechtliche und technische Entwicklungen ab. Die Stockholmer Konferenz von 1967 wird die Brüsseler Fassung der Revidierten Berner Übereinkunft (RBÜ), der wir gerade durch Gesetz vom 15. September 1965 (BGBl. II S. 1213) beigetreten sind, vermutlich abermals revidieren und uns wahrscheinlich zu gewissen Änderungen zwingen. Die zu erwartende Verlängerung der Schutzfrist durch die RBÜ in Stockholm würde eine Gesetzesänderung nicht mehr nötig machen, selbst wenn sie im Gegensatz zum deutschen Gesetz, das die Schutzfrist auf 70 Jahre nach dem Tode des Urhebers verlängert hat, sich nur auf 60 Jahre erstrecken würde. Aber darüber hinaus kommen durch die offenbar in absehbarer Zeit zu erwartenden Erfindungen auf dem Gebiete der Mikrokopie und der Xerografie, einem elektrostatischen Reproduktionsverfahren, Tatbestände und technische Vorgänge auf uns zu, die unsere Vorstellungen über die Möglichkeiten der Vervielfältigung, wie sie das neue Gesetz zugrunde legt, weitgehend über den Haufen werfen werden, worauf *Kleine* schon während der Reformarbeiten aufmerksam gemacht hat [1]). Ebenso stehen wir erst am Anfang der Entwicklung der elektronischen Wissenschaft. Die Erzeugnisse des „Elektronengehirns“ sind zwar keine „persönlichen geistigen Schöpfungen“, können aber besonders auf musikalischem Gebiet so gelenkt werden, daß vielleicht ein Werk entsteht, dessen Schöpfung gleichzeitig und zu gleichen Teilen menschlich-geistigen und mechanischen Kräften zu danken ist. Ob und inwieweit hier Urheberrechte oder nur Leistungsschutzrechte zu bejahen sind, ähnlich dem Schutz der Lichtbilder (§ 72), kann man heute noch nicht übersehen [2]). Damit soll der Beruf unserer Zeit zur urheberrechtlichen Gesetzgebung in keiner Weise bestritten werden. Im Gegenteil. Die gewiß lange Vorbereitungszeit, die zwischen dem Referentenentwurf von 1954 (RefE), dem Ministerialentwurf von 1959 (MinE), dem Regierungsentwurf von 1962 (RegE) und dem nunmehr am 16. September 1965 verkündeten Gesetz liegt, hat lange Diskussionen in Sachverständigen- und Inter-

---

[1]) Vgl. „Die Vervielfältigungsfreiheit im Regierungsentwurf“ in Börsenblatt 1962, Nr. 76; UA Urh. Prot. 10/3.

[2]) Siehe F r o m m „Der Apparat als geistiger Schöpfer“ in GRUR 1964, 304 u. F a b i a n i „Sind die Apparate geistige Schöpfer“ in GRUR Ausl. Tl. 1965, 422.

essentenkreisen ermöglicht, so daß unbeschadet einiger offengebliebener Wünsche und einiger Kompromißlösungen ein im Bundestag einstimmig angenommenes Gesetzeswerk entstanden ist, das der deutschen Legislative zur Ehre gereicht, nicht zum mindesten den Verfassern der obengenannten drei Entwürfe, die eine hervorragende wissenschaftliche Leistung vollbracht haben. Das neue Gesetz zerfällt in 5 Teile, die in (insgesamt 20) Abschnitte gegliedert sind, die der besseren Übersicht wegen wiederum noch Unterteilungen aufweisen. Die Einteilung entspricht im wesentlichen der bereits im Referentenentwurf vorgeschlagenen Systematik, die den Vorzug der Klarheit und Übersichtlichkeit hat..

Eine wesentliche Änderung in der Systematik bedeutet die Zusammenfassung des Urheberrechts an Werken der Literatur und der Tonkunst sowie der bildenden Künste und der Fotografie, ferner die Beschränkung der Urheberrechte auf die Werkschöpfer, während die Rechte der Herausgeber urheberrechtlich nicht geschützter wissenschaftlicher Werke oder Texte oder nachgelassener Werke, der Lichtbildner, der ausübenden Künstler, der Hersteller von Tonträgern und der Sendeunternehmen im II. Teil als verwandte Schutzrechte (Leistungsschutzrechte) geregelt sind. Hand in Hand mit der Kennzeichnung des Urhebers als „Schöpfer des Werkes" und des Werkes als „persönliche geistige Schöpfung" geht die Erweiterung der ausschließlichen Rechte der Urheber und die Unveräußerlichkeit, wobei die nach wie vor nötige Abgrenzung der Urheberrechte gegenüber den Interessen der Allgmeinheit zu einer Verstärkung der Rechtsstellung der Urheber geführt hat. Schließlich sei noch der III. Teil des Gesetzes hervorgehoben, der besondere Bestimmungen für Filmwerke enthält.

Urheberpersönlichkeitsrecht und geistiges Eigentum

Wenn es auch nicht Aufgabe des Gesetzgebers ist, sich in dogmatische Streitfragen einzumischen, so sind doch in mehreren Fällen, wie aus der obigen Aufzählung schon ersichtlich, durch das festgelegte System und durch die Formulierung gewisse dogmatische Weichen gestellt. Der alte Streit für und gegen das **Urheberpersönlichkeitsrecht** ist jetzt in ersterem Sinne entschieden (§§ 12 bis 14). In Verbindung damit wird zu untersuchen sein, ob dem noch älteren Kampf um das **„geistige Eigentum"** seine Nähe und Entfernung vom Sacheigentum nicht der Boden entzogen worden ist.

Die Anerkennung des Urheberpersönlichkeitsrechts ist eindeutig. Der 4. Abschnitt des I. Teiles des Gesetzes, der den Inhalt des Urheberrechts regelt, hat 4 Unterabschnitte mit den Überschriften 1. Allgemeines (§ 11), 2. Urheberpersönlichkeitsrecht (§§ 12 bis 14), 3. Verwertungsrechte (§§ 15 bis 24) und 4. Sonstige Rechte des Urhebers (§§ 25 bis 27). Nicht uninteressant ist es, daß schon im UAUrh. eine Diskussion darüber entstanden ist, ob die Überschrift „Urheberpersönlichkeitsrecht" vor § 12, der das Veröffentlichungsrecht behandelt, oder vor § 13, der das Recht auf Anerkennung der Urheberschaft ausspricht, zu setzen sei. Im RefE fehlt diese Bezeichnung, da sie (lt. Begründung S. 92) nicht den Kern der Sache treffe, denn Gegenstand des droit moral sei nicht die Person des Urhebers, sondern das urheberrechtlich geschützte Werk und die Verbindung dieses Werkes mit seinem Schöpfer. Dagegen, daß das Veröffentlichungsrecht (§ 12) die Überschrift „Urheberpersönlichkeitsrecht" trage, hat sich *Ulmer* bei der Befragung als Sachverständiger (UAUrh. Prot. 12/11) gewandt mit dem Vorschlag, diese Überschrift vor § 13 zu setzen. Er hat es damit begründet, daß das Veröffentlichungsrecht sowohl zur Gruppe der Persönlichkeitsrechte als auch der Verwertungsrechte gehöre und, wenn man es ausdrücklich als Persönlichkeitsrecht bezeichne, dies die Nicht-Übertragbarkeit zur Konsequenz habe. Dem ist der UAUrh. anfangs gefolgt, hat aber dann seinen Beschluß wieder aufgehoben, die Titelbezeichnung nach dem RefE (vor § 12) wiederhergestellt und sich der Ansicht angeschlossen, daß das Veröffentlichungsrecht nicht aus dem Urheberpersönlichkeitsrecht ausgeklammert werden könne, daß hier nach den Worten des Vorsitzenden Abg. Dr. *Reischl* eine Art „Widmung" vorliege, durch die das Werk zum ersten Male veröffentlicht werde und insofern das Veröffentlichungsrecht ein Persönlichkeitsrecht und kein Nutzungsrecht sei (UAUrh. Prot. 14/3). Obwohl man der Ansicht Reischls nicht zustimmen kann — sie widerspricht auch der herrschenden Meinung (vgl. BGH 15, 249 = GRUR 1955, 201 = UFITA Bd. 19 [1955] S. 19, 353 — Cosima Wagner) scheint mir auch unter Berücksichtigung des an sich beachtlichen Hinweises Ulmers die Regelung schon aus praktikablen und gesetzestechnischen Gründen richtig zu sein [4]); man kann sie auch damit begründen, daß beim Veröffentlichungsrecht das persönlichkeitsrechtliche Element gegenüber dem vermögensrechtlichen überwiegt. Abgesehen von dieser speziellen Frage ist vor allem die Bejahung des Bestehens eines Urheberpersönlichkeitsrechts zu begrüßen. *Troller* hat zwar [5]) die Hoffnung ausgesprochen, daß in Deutschland das Urheberpersönlichkeitsrecht in den Hintergrund gerate und allmählich vergessen werde. Er vertritt auch den

---

4) Siehe auch RBÜ Art. 6 ^{bis} und Art. 11 ^{bis} sowohl in der römischen als auch in der Brüsseler Fassung.

5) Bedenken zum Urheber-Persönlichkeitsrecht, Schriftenreihe der UFITA, Heft 16 (1959), S. 51; siehe auch Roeber „Abgrenzungsfragen des Allgemeinen Persönlichkeitsrechtes" in Film und Recht Nr. 6/1965, S. 102 ff.

Standpunkt, daß nur ein einheitliches Urheberrecht bestehe, das die voneinander getrennten ideellen und materiellen Interessen des Urhebers umfaßt, er bestreitet jedoch die Existenz eines bestimmten subjektiven Rechts, das als umfassendes Persönlichkeitsrecht angesehen werden könne. Der Kernpunkt der Unterscheidung liegt bei Troller in der Frage der Übertrag- und Verzichtbarkeit des allgemeinen Persönlichkeitsrechts und derjenigen Befugnisse, die ideelle Interessen des Urhebers zum Gegenstand haben. Er erkennt an, „daß die Person auf die Rechte, die ihr zum Schutz ihrer Eigenschaften oder Rechte verliehen sind, nicht völlig verzichten und sie in der Regel weder der Substanz noch der Ausübung nach übertragen könne, (und) daß die Verfügung über diese Rechte deshalb eingeschränkt oder verneint werden müsse, weil sie sich unmittelbar auf die Person bezögen". Das führt ihn zu der Folgerung, es sei unrichtig, die Beschränkung hinsichtlich der Übertragbarkeit und des Verzichts aus einem allgemeinen Grundsatz abzuleiten. Ich kann mich dieser Begründung nicht anschließen. Troller prüft im einzelnen, welches Hindernis der Übertragung von einzelnen Persönlichkeitsrechten sowie dem Verzicht auf dieselben entgegensteht, aber er kommt am Ende doch dazu, neben dem Urheberrecht und klar getrennt von ihm der Urheber, „soweit Verstöße gegen seine Stellung als Urheber zugleich seine Persönlichkeit treffen, den Schutz des allgemeinen Persönlichkeitsrechts" zuzubilligen (aaO. S. 52). Dieses allgemeine Persönlichkeitsrecht als Lückenbüßer für das abgelehnte Urheber-Persönlichkeitsrecht ist komplizierter in seiner Systematik und vermeidet ebensowenig die sicherlich vorhandenen Schwierigkeiten, die in der Abgrenzung von ideellen und materiellen Interessen innerhalb des einheitlichen Urheberrechts bestehen, d. h. gleichviel ob man auf Grund der monistischen Theorie, über die ja auch mit Troller Einigkeit besteht, miteinander verbundene Urheberpersönlichkeits- und Vermögensrechte annimmt, oder ob man bei allen Verstößen gegen die Persönlichkeit des Urhebers daneben den Schutz des allgemeinen Persönlichkeitsrechts in Anspruch nimmt, immer wird der Richter vor die Frage gestellt sein und zu entscheiden haben, ob ein reines oder ein mit dem Vermögensrecht verbundenes Persönlichkeitsrecht vorliegt. Das Bestehen eines allgemeinen Persönlichkeitsrechts kann für die deutsche Rechtslage angesichts des Art. 1 Abs. 1 und Art. 2 Abs. 1 GG heute nicht mehr bestritten werden [6]). Auch der Einwand der Unbestimmbarkeit eines so weit

---

[6]) Die von Troller, aaO. S. 41 zitierte Äußerung de Boors, daß ein allgemeines Persönlichkeitsrecht nicht bestehe, stammt aus dem Jahre 1917. Siehe für die heutige Rechtslage BGHZ 13, 334 = UFITA Bd. 18 (1954), S. 370 (Leserbrief) und 26, 349 = UFITA Bd. 25 (1958), S. 452 (Herrenreiter).

gespannten und weitmaschigen Begriffs wie des Persönlichkeitsrechts zieht m. E. nicht. Diesen gewiß vorhandenen Mangel teilt dieser Begriff mit allen anderen allgemeinen Begriffen, die zumal in den Generalklauseln verankert und ebensowenig axiomatisch und fest umrissen sind wie das allgemeine Persönlichkeitsrecht. Aus diesem allgemeinen Persönlichkeitsrecht, das schon vor der Geltung des Grundgesetzes als Recht des Einzelnen zur Achtung seiner Menschenwürde und seines Eigenwertes als individuelle Persönlichkeit anerkannt war und ganz verschiedene Güter umfaßt (Name, Ehre, Freiheit usw.), sind dann die besonderen Persönlichkeitsrechte abgeleitet worden, die nicht die Persönlichkeit selbst, sondern ihre Sphäre und ihre Schöpfungen in bestimmten einzelnen Beziehungen schützen [7]).

Das Urheberpersönlichkeitsrecht ist das Grundrecht, die Grundlage aller Befugnisse, die dem Urheber zustehen, denn aus seinem Geist und Gefühlsleben entsteht das Werk und aus seiner Persönlichkeit und der eng mit ihm verbundenen Schöpfung ergeben sich höchstpersönliche Beziehungen, die untrennbar und unauflösbar sind, ergibt sich eine Rechtssphäre, die materielle und immaterielle Rechte und Güter einschließt. Diese innige Zusammengehörigkeit zwischen Urheber und Werk, das nichts anderes als eine Emanation der Persönlichkeit ist, hat Rechtsfolgen, deren Ursprung und Inhalt man nicht besser als mit dem Begriff des Urheberpersönlichkeitsrechts bezeichnen kann. Es handelt sich bei dem Urheberpersönlichkeitsrecht um ein im Rahmen des Urheberrechts besonders gestaltetes Persönlichkeitsrecht. *de Boor*, auf den sich Troller bezieht (aaO. S. 43), hat die Meinung vertreten, daß mit dem Begriff des Urheberpersönlichkeitsrechts der Begriff der Persönlichkeit dabei seinem eigentlichen Sinn entfremdet werde. In Wahrheit handelt es sich nicht um eine Entfremdung sondern um eine Erweiterung des Persönlichkeitsrechts, das seinen Schutz auf die Beziehung des Urhebers zu seinen Schöpfungen erstreckt. Auch die schon erwähnte und allgemein anerkannte Verbindung der materiellen und ideellen Interessen ändert daran nichts, da alle Persönlichkeitsrechte auch materielle Elemente in sich tragen und bei ihrer Verletzung vermögensrechtliche Ansprüche entstehen. Auf die bis in die letzte Zeit reichende Kontroverse über die unzulässige Ausweitung des Richterrechts im Herrenreiter-Urteil des BGH [8]) durch die Zubilligung einer Geldentschädi-

[7]) Siehe hierzu Staudinger-Coing, BGB 11. Aufl., Vorb. 19 vor § 1 und, wenn auch ohne Begründung, Palandt, BGB Einf. vor § 1 Anm. 2.

[8]) Siehe BGHZ 26, 349 = UFITA Bd. 25 (1958), S. 452 = GRUR 1958, 408; BGH in Soraya; siehe UFITA Bd. 43 (1964), S. 358 = GRUR 1965, 254 zur Streitfrage Hartmann in NJW 1964, 793, Stein ebenda S. 1745 und Larenz, Methodenlehre S. 321 und in NJW 1965, 1 (8).

gung wegen einer Verletzung des Persönlichkeitsrechts, kommt es in diesem Zusammenhang nicht an, weil alle kritischen Stimmen, soweit ersichtlich, darin übereinstimmen, daß die Zubilligung von Schmerzensgeld bei Verletzung des allgemeinen Persönlichkeitsrechts unentbehrlich ist und der dogmatische Streit nur über die Frage geht, ob in diesem Fall die Zuerkennung vermögenswerter Ansprüche de lege lata zulässig oder nur de lege ferenda unbedingt zu erstreben ist. Die Frage ist nunmehr für den Bereich des Urheberrechts durch § 97 Abs. 2 positivrechtlich geregelt.

Auch aus den von *Troller* angeführten Beispielen (aaO. S. 45 ff.), die dartun sollen, daß bei den verschiedenen Persönlichkeitsrechten verschiedene Gründe für die Unübertragbarkeit und Unverzichtbarkeit vorliegen, ergibt sich die Rechtstatsache, daß die Persönlichkeitsrechte wie Name, Ehre, körperliche Integrität usw. nicht nur die Persönlichkeit selbst, sondern auch verschiedene Beziehungen des Individuums schützen. So wird der Charakter des Rechts am Namen als Persönlichkeitsrecht in neuerer Zeit bestritten und wird als Immaterialgüterrecht angesehen [9]). Wie in diesem Fall, so ist auch bei den übrigen Persönlichkeitsrechten jeweils zu prüfen, ob und inwieweit es allein um den Schutz der Persönlichkeit geht oder der Schutz darüber hinaus auch Beziehungen der Persönlichkeit in der Außenwelt betrifft, Grenzüberschneidungen werden allenthalben festzustellen sein [10]).

Mit der Stellungnahme des Gesetzes zum Urheberpersönlichkeitsrecht ist gleichzeitig die **Lehre vom geistigen Eigentum** zwar wohl

---

[9]) Siehe Baumbach-Hefermehl, Anm. 2c zu § 16 UWG und RGR Komm. II 1 vor § 12.

[10]) Siehe hierzu Staudinger-Coing, BGB, 11. Aufl., 1957, § 12 Anm. 18a. Nicht uninteressant ist die Regelung im sowjetischen Zivilrecht, in dem in Art. 98 die Persönlichkeitsrechte des Urhebers auf Veröffentlichung und Unverletzlichkeit seines Werkes und die Vermögensrechte auf Verbreitung und Erhalt des Honorars hinter- und durcheinander aufgezählt sind. In der DDR ist die Frage des Persönlichkeitsrechts angesichts der Reform des Urheberrechts Gegenstand der Diskussion gewesen. Nathan weist in einem Aufsatz über „Das Persönlichkeitsrecht" in NJ 1964, 740 ff. darauf hin, daß sich das aus der Urheberschaft resultierende subjektive Persönlichkeitsrecht in eine Reihe von Befugnissen, Ansprüchen und Verpflichtungen materialisiere, die teils vermögensrechtlicher, teils nichtvermögensrechtlicher Natur seien. Er führte sodann aus: „Es ist also falsch, das Persönlichkeitsrecht, wie es öfter geschieht, mit dem Begriff des Nichtvermögensrechts zu identifizieren, wie es auf der anderen Seite auch unrichtig ist, Persönlichkeitsrechte und Vermögensrechte als sich ausschließende Gegensätze aufzufassen. Richtig ist vielmehr, daß das gesetzlich aus der Urheberschaft fließende einheitliche Persönlichkeitsrecht nichtvermögensrechtliche und vermögensrechtliche Rechte und Pflichten in sich zusammenfaßt und daß übrigens beide Bestandteile sich gelegentlich überschneiden." Für das einheitliche Persönlichkeitsrecht gibt er folgende Definition: Er versteht darunter „Ein zivilrechtliches subjektives Recht, das dem Schöpfer bestimmter Werke vom sozialistischen Staat eingeräumt wird, und das vermögensrechtliche und nichtvermögensrechtliche Befugnisse, Ansprüche und Pflichten entstehen läßt, deren Eigenart daraus folgt, daß sich in dem Werk die Persönlichkeit des Schöpfers verkörpert".

nicht beseitigt, aber zurückgedrängt. Das Verdienst dieser Lehre liegt auf propagandistischem und nicht auf dogmatischem Gebiete, sie hat zweifellos ihre werbende Kraft in der Vergangenheit mit Erfolg entfaltet und im Volksbewußtsein die Überzeugung wachgerufen, daß die geistigen Leistungen ebenso zu bewerten sind wie die wirtschaftlichen. Aber nunmehr hat der Begriff des geistigen Eigentums seine Schuldigkeit getan, und man ist in Versuchung, die Worte Trollers, die er in bezug auf das Urheberpersönlichkeitsrecht gebraucht hat, auf das geistige Eigentum anzuwenden, nämlich die Hoffnung auszusprechen, daß es in der urheberrechtlichen dogmatischen Auseinandersetzung und in der Rechtsprechung in den Hintergrund gerät. Die naturrechtliche Begründung der Lehre und ihrer Folgen sollen und können hier nicht weiter verfolgt werden, es muß genügen, auf die umfangreiche Literatur zu verweisen [11]. Es sollen dabei nur zwei Punkte hervorgehoben werden. *Hubmann* sieht den heutigen Wert des Begriffes darin, daß das geistige Eigentum den Grund des Rechtsschutzes angebe, da er zur Einordnung des Urheberrechts unter die Eigentumsgarantie des Art. 14 GG erforderlich sei und schließlich zum Ausdruck bringe, daß die Urheberinteressen nicht geringer gewertet werden dürfen als die des Sacheigentümers. Diese Gründe sind vornehmlich terminologischer, aber nicht dogmatischer Art. Der Begriff des Urheberpersönlichkeitsrechts hat dieselben Eigenschaften, nur daß es nicht nötig ist, vor Mißverständnissen zu warnen [12]. Der Begriff Eigentum ist in seiner Bedeutung vorqualifiziert und neigt so stark zur Assoziierung mit dem Sacheigentum, daß der Zusatz „geistig" die Rechtsgleichheit mit dem

---

[11]) Siehe Ulmer, Urheber- und Verlagsrecht, 2. Aufl., 1960, S. 50 ff., 93 ff.; Hubmann, Urheber- und Verlagsrecht S. 48; Kleine in Gewerblicher Rechtsschutz und Urheberrecht, 3. Aufl., 1962, S. 328; ferner die Verteidiger der Lehre des geistigen Eigentums „Urheberrechtsreform ein Gebot der Gerechtigkeit" mit Beiträgen von Lehmann, Ermecke, Overath und Richartz; ablehnend de Boor und Roeber in UFITA Bd. 21 (1956, S. 129 ff. und 150 ff.; Strauss zitiert in einem Aufsatz zur Urheberrechtsreform in UFITA Bd. 22 (1956), S. 134 eine weitere Äußerung de Boors über geistiges Eigentum: „Ein Begriff, der zugleich überflüssig, unzureichend und irreführend ist, sollte aus der Rechtsprechung möglichst bald verschwinden." Über die Lehre vom geistigen Eigentum und ihre geschichtliche Entwicklung siehe Bappert „Wege zum Urheberrecht" S. 254 ff.

[12]) So machen auch die Verteidiger des Begriffs geistiges Eigentum immer Vorbehalte, z. B. Troller, Immaterialgüterrecht, 1959, S, 91: „Der so verstandene Eigentumsbegriff", Ermecke, InterGU Bd. 30, 1963, S. 12. Anm. 8: „Wenn aus Urheberkreisen verlangt wird, das geistige Eigentum müsse dem Sacheigentum gleichgestellt werden, so heißt das doch nur, mindestens als gleichwertig, gleich sozial wichtig oder bedeutsam, gleich schutzwürdig behandelt werden. Kein vernünftiger Mensch denkt doch daran, dieselben Normen, die für das Sacheigentum gelten, auf das geistige Eigentum anzuwenden"; bei Schramm, Die schöpferische Leistung, heißt es (S. 241): „Solange Urheberrechte übertragbar sind, kann man daher in diesem weiteren Sinne auch von Eigentum sprechen." Vgl. hierzu auch die Ausführungen des Abg. Dr. Reischl, des Vorsitzenden des UAUrh., bei der 3. Lesung, Bericht über die 187. Sitzung des BT. S. 9426 B.

dinglichen Eigentum nicht beseitigt. Die geschützten Werke sind „persönliche geistige Schöpfungen" (§ 2 Abs. 2), sie sind Niederschlag, Ausstrahlung des Geistes, der seelischen Vorgänge und Gefühle und mit einer des Eigentums fähigen Sache nicht vergleichbar. Sogar der menschliche Körper kann nicht Gegenstand des Eigentums sein, obwohl er der Sache viel näher steht. Auch zur Einordnung des Urheberrechts unter die Eigentumsgarantie des Art. 14 GG bedarf es nicht des Begriffes „Geistiges Eigentum". Das Urheberrecht fällt nicht deshalb unter den Schutz des Art. 14 GG, weil es „Eigentum" ist, sondern weil der Begriff des Eigentums i. S. dieser Bestimmung nicht nur das Sacheigentum betrifft, sondern über die sonst übliche Begriffsbezeichnung hinaus und entgegen der Sprache des BGB alle subjektiven privaten Vermögensrechte umfaßt, zu denen auch die urheberrechtlichen Befugnisse vermögensrechtlichen Charakters gehören [13]). Will man also der juristischen Genauigkeit wegen den geistigen Ursprung dieser Rechte und ihren Schutz durch Art. 14 GG zum Ausdruck bringen, so käme man logischerweise zu der Bezeichnung „geistiges Vermögensrecht". Daraus ergibt sich, und zwar noch deutlicher als beim geistigen Eigentum die Widersprüchlichkeit dieser Wortbildung, und es wird auch damit noch klarer, daß das Urheberrecht nicht gespalten, sondern aus persönlich- und vermögensrechtlichen Elementen zusammengesetzt ist. Das beweist gleichzeitig, daß die vermögensrechtlichen Bestandteile anderen Normen unterstehen als das Eigentum, weil sie mit der Persönlichkeit untrennbar verbunden sind.

Eine eingehende Auseinandersetzung mit den Verfechtern des Begriffes „Geistiges Eigentum", vor allem mit den Theoretikern, die diesen Begriff aus dem Naturrecht herleiten und ihn mit Thesen der katholischen Moraltheorie begründen, würde die Aufgabe der vorliegenden Ausführungen überschreiten. Es mag nur die Bemerkung erlaubt sein, daß selbst in der katholischen Lehre der Naturrechtscharakter des privaten Eigentums nicht unbestritten ist und z. B. Thomas von Aquin in der Summa Theologica ihn verneint hat [14]). Die „Konvention zum Schutz der Menschenrechte und Grundfreiheiten" vom 4. November 1950 enthält im Katalog der Menschenrechte nicht das Eigentum. Das Recht auf Eigentum ist erst im Zusatzprotokoll vom 20. März 1952 aufgenommen worden. Ich wende

---

[13]) Siehe von Mangoldt-Klein, Grundgesetz Art. 14 III 1 b; hierzu ferner auch Zweigert, Private Werkvervielfältigungen durch Magnettongeräte und verfassungsrechtliche Eigentumsgarantie S. 16.

[14]) Vgl. hierzu die von Mayhofer gesammelten Aufsätze über: „Naturrecht oder Rechtspositivismus", Wissenschaftliche Buchgesellschaft 1962 und dort besonders Friedmann „Über gesetzliche Rechtsgrundsätze und die Lösung von Rechtsproblemen" S. 405 ff. (411).

mich auch nicht gegen das Bestehen einzelner Naturrechte, aber dagegen, daß das Naturrecht „die normative Definition des natürlichen äußeren Zusammenhangs in der Gemeinschaft und in Hinordnung auf das wahre Gemeinwohl“ ist [15]).

Das geistige Eigentum als Terminologie ist mißverständlich, widerspruchsvoll und daher gefährlich, für die Werbung, die ja Übertreibungen und Ungenauigkeiten verträgt, war sie gut zu gebrauchen; als Begriffsbezeichnung für ein Eigentum, das kein Sacheigentum ist, ist der Name „geistiges Eigentum“ nur mit verschiedenen Vorbehalten und Einschränkungen zu verwenden und daher abzulehnen. Als ein dem Sacheigentum gleichgestelltes, vom Naturrecht stammendes Institut widerspricht es dem jetzt geltenden Urheberrecht und führt zu gesetzwidrigen Folgen, nämlich zur Übertragbarkeit und Pfändbarkeit aller Urheber-Befugnisse.

A. Das Urheberrechtsgesetz

Erster Teil

Urheberrecht

Erster und Zweiter Abschnitt

Allgemeines. Das Werk

(§§ 1 bis 6)

Nach **§ 1** will das neue Gesetz die Urheber von Werken der Literatur, Wissenschaft und Kunst schützen, und im **§ 2** werden die geschützten Werke katalogmäßig, aber nicht abschließend („insbesondere“) aufgezählt. Der Begriff des geschützten Werkes wird durch die Definition in **§ 2 Abs. 2** begrenzt. Nur solche Werke erhalten den Schutz des Gesetzes, die „persönliche geistige Schöpfungen“ sind Das bedeutet keine Änderung des bisherigen Rechtszustandes.

---

[15]) Siehe Ermecke, aaO. S. 17. In einem anderen Aufsatz „Die naturrechtlichen Grundlagen des staatlichen Urheberrechts“ in GEMA-Nachrichten 1962 Heft 54 (Juni) S. 9 kritisiert der gleiche Verfasser angebliche Äußerungen des früheren Vorsitzenden des Rechtsausschusses des BT Hoogen. In einer Zeitung war berichtet worden, daß sich Hoogen gegen den naturrechtlichen Charakter des Urheberrechts ausgesprochen habe. Hieran knüpft Ermecke die Erklärung: „Wir können nicht annehmen, daß ein katholischer Jurist, Vorsitzender des für die Urheberrechtsreform u. U. entscheidend wichtigen Rechtsausschusses und ein prominentes Mitglied der Christlich-Demokratischen Union, diese rein rechtspositivistische, weder dem Naturrecht noch seinem Verhältnis zum positiven staatlichen Recht nach dem Urheberrecht gerecht werdende irrige Auffassung vertreten haben soll.“ Eine solche Betonung, daß gerade ein „katholischer Jurist“ sich gegen den Naturrechtscharakter des Urheberrechts ausgesprochen hat, darf nicht unwidersprochen bleiben. Das bedeutet eine nach meiner Meinung unzulässige Bindung der katholischen Juristen an moraltheologische Thesen und nicht an ihr eigenes Rechtsgewissen.

Arndt weist bei seinen Ausführungen über „die Kunst im Recht" (NJW 1966, 27) darauf hin, daß das neue Urheberrechtsgesetz „seltsamerweise die Literatur neben die Kunst" stellt. Es ist gewiß unstreitig, daß der Begriff der Kunst in der Regel den der Literatur einschließt, aber auch nur in der Regel. Politische Reden und Vorträge fallen beispielsweise weder unter die Kunst noch die Wissenschaft. Insofern reicht der Begriff der Literatur über die eigentlichen literarischen Kunstwerke hinaus und begreift auch andere literarische Schöpfungen ein. Außerdem ist die Bezeichnung „Werke der Literatur und Kunst" historisch begründet und aus dem LitUG übernommen, abgesehen davon, daß die RBÜ (Fassung Rom und Brüssel) von „Werken der Literatur und der Kunst" (Art. 2 Abs. 1) und das Welturheberrechtsabkommen (WUA) von „Werken der Literatur, der Wissenschaft und der Kunst" (Art. I) sprechen. Es wäre schon aus diesem Grunde nicht ratsam gewesen, von der internationalen Terminologie abzuweichen.

In der Begründung des Regierungsentwurfs zur Bestimmung des § 2 Abs. 2, die Gesetz geworden ist, wird besonders darauf hingewiesen, daß absichtlich der vorgeschlagene Ausdruck „Schöpfungen eigentümlicher Prägung" vermieden worden ist, weil er das Erfordernis der individuellen Form zu sehr betont und zu dem Schluß führen könnte, „daß im Gegensatz zum geltenden Recht Werke von geringem schöpferischen Wert, die sog. «kleine Münze», in Zukunft keinen Schutz genießen sollen". Eine solche Änderung gegenüber dem früheren Recht hat der Verfasser des Entwurfes also nicht beabsichtigt. Es wird zu untersuchen sein, ob nicht eine Änderung dennoch eingetreten ist oder nach dem Wortlaut durch die Rechtsprechung möglich ist.

Die Grenzen des Urheberrechtsschutzes waren dem alten Gesetz durch die § 1 LitUG und § 1 KSchG gezogen. Der Schutz bezog sich auf die Urheber von Schriftwerken, Werken der Tonkunst, Abbildungen wissenschaftlicher oder technischer Art, choreographischen und pantomimischen Werken, Werken der bildenden Kunst und der Photographie. Die Begrenzung durch das neue Gesetz ist klarer: Nach **§ 1** genießen die Urheber von **Werken der Literatur, Wissenschaft und Kunst** den Schutz des Gesetzes und im **§ 2** werden verschiedene geschützte Werke b e i s p i e l s w e i s e („insbesonders") aufgezählt.

Hinsichtlich der Objekte des Urheberrechts tritt keine Änderung des geltenden Rechts ein. Das Wort „Sprachwerk" bildet jetzt den Oberbegriff für Schriftwerke und Reden. Infolge der Zusammenfassung der LitUG und KSchG erscheinen in Ziffer 4 bis 6 die Werke der bildenden Künste einschließlich der Werke der Baukunst und der angewandten Kunst, also des sog. Kunstgewerbes, und die Filmwerke. Einige sprachliche Verbesserungen sind zu vermerken: Anstelle von Werken der Tonkunst heißt es jetzt Werke der Musik, das Wort Photographie ist ersetzt durch Lichtbildwerk, wodurch die Entscheidung über die strittige Schreibweise „ph" oder „f" salomonisch umgangen ist, und für die choreographischen Werke ist das schlichte Wort „Tanzkunst" getreten. Hervorgehoben sei schließlich, daß die Bauwerke schlechthin unter Schutz stehen und nicht nur, wie es im § 2 KSchG hieß, soweit sie künstlerische Zwecke verfolgen. Diese Formulierung war unglücklich, denn nicht der künstlerische Zweck entscheidet, sondern das Vorhandensein einer künstlerischen Schöpfung, die fehlen kann, selbst wenn der Urheber sie bezweckt hat, und die gegeben sein kann, auch wenn der Urheber künstlerische Zwecke bewußt nicht verfolgt hat.

Voraussetzung des Schutzes ist aber die Zugehörigkeit der persönlichen geistigen Schöpfungen (§ 2 Abs. 2) zur Literatur, Wissenschaft und Kunst. Daß die Musik zur Kunst gehöre, obwohl sie im Gegensatz zur Literatur in § 1 und § 2 Abs. 1 Satz 1 nicht ausdrücklich erwähnt wird, ist im UAUrh. (Prot. 2/3) als selbstverständlich bezeichnet worden unter Hinweis auf die gleiche Formulierung in den oben herangezogenen Fällen des Art. 2 Abs. 1 RBÜ und des Art. I WUA. Außerdem werden die Werke der Musik im § 2 Abs. 1 Ziff. 2 besonders hervorgehoben.

Die Rechtsprechung ist bisher in der Gewährung des Schutzes allzu großzügig gewesen [16]). Durch die Fassung der §§ 1 und 2 ist eine Schwenkung der Rechtsprechung von dieser extensiven Auslegung möglich und dringend geboten. Der Wille des Gesetzes erstrebt den urheberrechtlichen Schutz nicht für alle persönlichen geistigen

---

[16]) Siehe die fast einstimmige Kritik bei Kleine in Gewerblicher Rechtsschutz und Urheberrecht, 3. Aufl., 1962, S. 340 und mit Recht noch schärfer Hubmann, UVR S. 84; vgl. auch die umfangreiche Zusammenstellung im UR-Kommentar von Schulze zu § 1 S. 15 ff. Ulmer, UVR S. 20 stellt nur fest, daß die Gerichte bei der „kleinen Münze" im ganzen nur bescheidene Anforderungen an das Maß der geistigen Leistung stellen; hieraus konnte man eine gewisse Mißbilligung dieser Rechtsprechung entnehmen. Neuerdings bejaht Ulmer schlechthin die Berechtigung. In dem Aufsatz „Das neue deutsche Urheberrechtsgesetz" (UFITA Bd. 45 [1965], S. 21) heißt es:

> „Aber die Erfahrung hat uns gelehrt, daß wir es, insbesondere im Bereiche der Literatur, nicht vermeiden können, den Rechtsschutz auch der „kleinen Münze" des Urheberrechts zu gewähren und auch Dinge wie Formulare, Geschäftsbedingungen, Kataloge, Prospekte u. dgl. unter der Voraussetzung zu schützen, daß bei ihrer Abfassung, wenn auch nur in bescheidenem Maße, eine geistige Leistung erbracht wurde."

Ich halte diese Ansicht, wie oben näher ausgeführt, für unrichtig, weil eben Formulare, Kataloge, Prospekte usw. zwar zu den Schriftwerken, aber nicht zum Bereiche der Literatur gehören. In diesen Fällen bieten die allgemeinen Bestimmungen des BGB und des UnlWG einen hinreichenden Schutz.

Schöpfungen, sondern ausschließlich für diejenigen, die der Literatur, Wissenschaft und Kunst zuzuzählen sind. Damit entfällt der Schutz für die nach der Rechtsprechung des Reichsgerichts bisher geschützten Fernsprech- oder Adreßbücher, Gebrauchsanweisungen, Preislisten, Kataloge, Formulare und kompilatorische Rechenbücher. Im Leitsatz zum Urteil des RG vom 30. Juni 1928 (GRUR 1928, 718) heißt es in bezug auf einen Universalrechner:

> „Kompilatorische Rechenbücher haben Schriftwerkseigenschaft, wenn eine zweckmäßige, dem kaufmännischen Bedarf angepaßte Auswahl und Zusammenstellung an sich bekannter Hilfsmittel vorliegt."

Die Rechtsprechung des Bundesgerichtshofes, die weitgehend in diesem Fahrwasser verblieben ist, wird hoffentlich den Schutzbereich verengen. Die letzten Urteile des Bundesgerichtshofes über den Einheitsfahrschein (GRUR 1959, 251 = UFITA Bd. 28 [1959] S. 208) und das Zahlenlotto (GRUR 1962, 51 = UFITA Bd. 36 [1962] S. 229) lassen sich m. E. mit den Bestimmungen des neuen Gesetzes nicht mehr in Einklang bringen. Sie stellen die Entscheidung nur auf die Frage ab, ob ein Schriftwerk vorliegt, ob durch das Mittel der Sprache ein Gedankeninhalt wahrnehmbar gemacht wird und hierbei eine schöpferische geistige Leistung zutage tritt. In Einheitsfahrscheinurteil heißt es:

> „Genügen solche Formulare den an ein Schriftwerk i. S. von § 1 Ziff. 1 LUG zu stellenden Anforderungen, so stehen sie selbst dann unter Urheberschutz, wenn sich ihre Zweckbestimmung in der Widmung zu dem geschäftlichen Gebrauch, für den sie unmittelbar Verwendung finden sollen, erschöpft (vgl. RGSt 46, 159 — Bestellformular, RGSt 43, 229 und 48, 330 — Vertragsvordrucke)".

Im Zahlenlottourteil wird ausgeführt:

> „Nun genießen zwar Spielerfindungen als solche keinen urheberrechtlichen Schutz. Doch können die niedergelegten Spielregeln den Anforderungen genügen, die gemäß § 1 LUG an ein Schriftwerk zu stellen sind. . . .
>
> Voraussetzung für ein solches Ausschließlichkeitsrecht ist aber, daß die schriftliche Niederlegung der Spielregeln eine für den Urheberrechtsschutz ausreichende eigenpersönliche Gestaltung erkennen läßt. Die erforderliche schöpferische Eigenart braucht dabei nicht auf einer eigenpersönlichen Prägung der rein sprachlichen Ausdrucksform zu beruhen, sie kann sich vielmehr auch aus einem auf individuelle Geistestätigkeit zurückzuführenden

Gedankeninhalt ergeben (RGZ 81, 120 — Kochrezepte; 121, 357 Rechentabelle; 143, 416 — Buchhaltungsformulare; BGH in LM Nr. 2 zu § 41 LUG — Gasparone; Ulmer Urh.- u. Verlagsrecht 2. Aufl. S. 119."

Der Bundesgerichtshof prüft in enger Anlehnung an die alte Rechtsprechung des Reichsgerichts also nur, ob durch das Mittel der Sprache eine schöpferische geistige Leistung erbracht wird, aber nicht, ob dieses Sprachwerk und ob die schöpferische geistige Leistung sich auf ein Werk der Literatur, Wissenschaft und Kunst beziehen. In Zukunft wird dies in allererster Linie zu untersuchen sein und erst, wenn diese Vorfrage bejaht werden muß, wird die Schutzfähigkeit im einzelnen festgestellt werden können. Nach dem neuen Gesetz werden daher Fälle, wie die in den beiden oben erwähnten Urteilen des Bundesgerichtshofes behandelten, nicht zu einem Urheberrechtsschutz führen.

Erwähnenswert ist, daß im § 2 Abs. 1 Ziff. 4 die **Werke der angewandten Kunst** und die Entwürfe solcher Werke den Werken der bildenden Künste und der Baukunst gleichgestellt sind. Damit ist der Streit um die Idealkonkurrenz des Urheberrechtsschutzes nach § 2 Abs. 1 Ziff. 4 und nach dem Geschmacksmustergesetz nicht aus der Welt geschafft, denn nach wie vor muß der „ästhetische Überschuß" festgestellt werden. In der Zukunft soll allerdings für den Bereich der industriellen Formgestaltung ein neues einheitliches Schutzsystem unter Einbeziehung des Geschmacksmusterschutzes begründet werden. Bis zu dem in unbestimmbarer Ferne liegenden Inkrafttreten dieser neuen Regelung verbleibt es bei dem vorgesehenen Urheberrechtsschutz für Werke der angewandten Kunst (siehe UAUrh. Prot. 12/3, RA Sten. Prot. 131/23 und schriftl. Bericht des RA zu § 2 = UFITA Bd. 46 [1966] S. 176). (Wegen der Zweiteilung in nach § 2 Abs. 1 Ziff. 5 urheberrechtlich geschützte Lichtbildwerke und in Lichtbilder, die im zweiten Teil als verwandte Schutzrechte aufgeführt werden, siehe unten zu § 72.)

Die Bestimmungen über Bearbeitungen (**§ 3**) und Sammelwerke (**§ 4**) zeigen keine wesentliche Neuerung. Auffallend ist, daß unter den Bearbeitungen nur die Übersetzungen als einziges Beispiel hervorgehoben werden, während die ebenso wichtigen Fälle der Verfilmung und Dramatisierung unter die „anderen Bearbeitungen" fallen. Rechtlich ist dies natürlich irrelevant (siehe unten zu § 23).

Wenn auch der Begriff des Sammelwerkes erweitert ist und sich nicht nur auf geschützte Werke mehrerer Urheber, sondern auch auf andere Beiträge (z. B. Rezepte) erstreckt, die durch Auslese oder

Anordnung persönliche geistige Schöpfungen sind, so ändert sich die Rechtslage nicht, da die Rechtsprechung schon bisher solche Sammlungen unter Schutz gestellt hat (vgl. BGH in GRUR 1954, 129 betr. eine Sammlung von berühmten Werken in getrennten Bänden unter dem Gesamttitel „Besitz der Erde").

Auch die Unterscheidung zwischen den Urheberrechten des Herausgebers und dem Herrschaftsrecht am Sammelwerk als Unternehmen bleibt bestehen und tritt jetzt sogar noch schärfer durch die Kennzeichnung des Sammelwerkes als „persönliche geistige Schöpfung" hervor (siehe zur Frage selbst BGHZ 15, 1 = GRUR 1953,159 = UFITA Bd. 19 (1955) S. 234 — Sportwette).

Eine gewisse dogmatische Schwierigkeit liegt in den nicht seltenen Fällen vor, in denen eine juristische Person als Herausgeberin auftritt. Nach § 7 ist Urheber der Schöpfer des Werkes; Werke im Sinne des UG sind nach § 2 Abs. 2 nur persönliche geistige Schöpfungen. Daraus folgt, daß einer juristischen Person im Gegensatz zu §§ 3 LitUG und 5 KSchG die Eigenschaft eines Urhebers verschlossen ist und die juristischen Personen des öffentlichen Rechts, die bisher unter bestimmten Bedingungen bei der Herausgabe von Werken als Urheber angesehen wurden, die Fähigkeit zur Urheberschaft verlieren, ebenso wie die juristischen Personen, die Sammelwerke herausgeben. Hier wird man die Vorschrift des § 10 Abs. 2 anwenden und die juristische Person als ermächtigt ansehen können, die Rechte der nicht genannten Urheber, z. B. der Sachbearbeiter geltend zu machen.

Einige wesentliche Änderungen bringen die Bestimmungen des § 5 über **amtliche Werke.** Es werden zwei Gruppen unterschieden: Die amtlichen Werke im engeren Sinne, die keinen urheberrechtlichen Schutz genießen; dies sind die Gesetze, Verordnungen und die diesen ähnlichen behördlichen Erlasse, Bekanntmachungen sowie die Entscheidungen und die hierzu amtlich verfaßten Leitsätze. Ihnen werden im Absatz 2 „andere amtliche Werke" gegenübergestellt, „die im amtlichen Interesse der allgemeinen Kenntnisnahme veröffentlicht worden sind". Das ist im Verhältnis zum bisherigen Recht nicht nur eine andere Formulierung, sondern eine materielle Änderung. Die bisherige Fassung ließ die Frage offen, ob es sich um freie Werke handele (so *Ulmer*, UVR S. 124; *Kleine*, Gewerbl. Rechtsschutz und UR S. 341 „gemeinfrei"; ebenso *Schulze*, UR Anm. 1 zu § 16), oder ob nur die Nutzungsrechte entfallen sollten, das Urheberpersönlichkeitsrecht aber geachtet werden müsse (so *Hubmann*, URV S. 153). Das neue Gesetz verneint einen urheberrechtlichen Schutz, schränkt aber im zweiten Absatz die Gemeinfreiheit für amtliche Werke ein, die im amtlichen Interesse zur allgemeinen Kenntnisnahme veröffentlicht worden sind. Bei ihnen sind im Gegensatz zu Abs. 1 die Bestimmungen über Änderungsverbot und Quellenangabe im § 62 Abs. 1 bis 3 und § 63 Abs. 1 und 2 entsprechend anzuwenden. Die letztgenannten Vorschriften sind, wie alle anderen des 6. Abschnittes (§§ 45 bis 63) Schranken des Urheberrechts, d. h. sie haben ein Urheberrecht zur Voraussetzung. Das Änderungsverbot des § 62 und das Gebot der Quellenangabe des § 63 sind nur zu begründen, wenn man ein Urheberrecht und zwar ein Urheberpersönlichkeitsrecht annimmt. Da dessen Bestehen aber bei juristischen Personen und Behörden verneint werden muß, bleibt als Grundlage der Bestimmung nur das öffentliche Recht übrig. In der Tat liegt es auch im allgemeinen Interesse, daß Verfälschungen und Unterdrückungen der Quellenangabe von amtlichen Werken, die zur allgemeinen Kenntnisnahme veröffentlicht worden sind, verhindert bzw. berichtigt werden. Das ergibt sich aber nicht aus dem Urheberrecht, sondern aus den der betreffenden Behörde zustehenden Hoheitsrechten. Verlangt eine Behörde nach § 5 Abs. 2 eine Änderung oder die Angabe der Quelle eines veröffentlichten amtlichen Werkes, so ist nicht der Verwaltungsrechtsweg, sondern nach § 114 der ordentliche Rechtsweg gegeben, der bei allen Rechtsstreitigkeiten beschritten werden muß, durch die ein Anspruch aus einem der im Urheberrechtsgesetz geregelten Rechtsverhältnisse geltend gemacht wird. So werden öffentlich-rechtliche Ansprüche prozessual wie die bürgerlich-rechtlichen Urheberrechtsansprüche behandelt.

Darüber hinaus ergeben sich jedoch drei weitere Verschiedenheiten von der bisherigen Regelung. Während bisher nur „die zum amtlichen Gebrauch hergestellten amtlichen S c h r i f t e n" vom Schutz freigestellt waren und der Schutz lediglich im Wege der Auslegung auch auf alle im § 1 Abs. 1 Nr. 1 u. 3 LitUG genannten Werke ausgedehnt worden ist (vgl. zuletzt BGH in GRUR 1965, 43 = UFITA Bd. 43 [1964] S. 156 — Stadtplan), bezieht sich jetzt die Befreiung auf alle amtlichen Werke, also beispielsweise auch auf die im § 2 Abs. 1 Ziff. 5 bis 7 geschützten Lichtbild- und Filmwerke und die wissenschaftlichen oder technischen Darstellungen. Jedoch wird der Kreis dieser amtlichen Werke nicht mehr auf alle zum amtlichen Gebrauch hergestellten erstreckt, sondern in dreifacher Weise beschränkt: sie müssen veröffentlicht worden sein, die Veröffentlichung muß im amtlichen Interesse gelegen haben und sie muß zur allgemeinen Kenntnisnahme bestimmt gewesen sein. Die bisher von der Rechtsprechung verlangte Voraussetzung, daß nur solche amtliche Schriften oder Werke von der Schutzfrist erfaßt würden, an deren freier Veröffentlichung ein unmittelbares und dringendes öffentliches Interesse besteht, entfällt jetzt.

Die endgültige Fassung hat das Gesetz erst durch den UA Urh. erhalten. Die RE hatte für die „anderen amtlichen Werke" einen allgemeinen Vorbehalt der Rechte und die entsprechende Anwendung der Bestimmungen des § 63 Abs. 1 und 2 über die Quellenangabe vorgesehen. Nach der neuen Formulierung bleibt z. B. Werken, die zum inneramtlichen Gebrauch und nicht zur Veröffentlichung bestimmt sind, der volle Urheberrechtsschutz erhalten. Dagegen fallen Kursbücher, die bisher schutzfrei waren, unter die Beschränkung, da ihre Veröffentlichung in erster Linie dem allgemeinen Interesse dient, aber auch den amtlichen Belangen. Die Neuerung ist zu begrüßen. Die im RegE vorgeschlagene Regelung hatte den Nachteil, daß die Beschränkung der Rechte von der Behörde abhängig war und diese in jedem Falle hätte überlegen müssen, ob der Vorbehalt gemacht werden sollte oder nicht. Weltbewegend ist die Bestimmung sowieso nicht.

§ 6 enthält zwei Definitionen: für die **Veröffentlichung** und das **Erscheinen.** Beide Definitionen halten sich im Rahmen der bisherigen Rechtslehre. Hiernach ist ein Werk veröffentlicht, wenn es mit Zustimmung des Berechtigten der Öffentlichkeit zugänglich gemacht worden ist, und es ist erschienen, wenn mit Zustimmung des Berechtigten Vervielfältigungsstücke nach ihrer Herstellung in genügender Anzahl der Öffentlichkeit angeboten oder in Verkehr gebracht worden sind (so bisher auch die Rechtsprechung, BGHZ 38, 356 = GRUR 1963, 213 = UFITA Bd. 39 [1963] S. 104). Der Begriff des Erscheinens ist nach den Worten der Begründung eine qualifizierte Art der Veröffentlichung und entspricht der Bezeichnung „œuvres publiées in Art. 4 Abs. 4 RBÜ (Brüssel) und der „publication" des Art. 6 WUA, umfaßt also auch das Verleihen (Vermieten) von Büchern, Noten und den Filmverleih. Die Art und Weise der Veröffentlichung zu bestimmen, ist das ausschließliche Recht des Urhebers (§ 15). Beide Begriffe sind wichtig wegen gewisser Rechtsfolgen, die sich daran knüpfen, z. B. an die Veröffentlichungen: das Recht des Urhebers, den Inhalt seines Werkes öffentlich mitzuteilen oder zu beschreiben (§ 12), das Zitatrecht des § 51 Ziff. 2 und das Erlöschen des Urheberrechts nach 10 Jahren, wenn ein nachgelassenes Werk nach Ablauf von 60 aber vor Ablauf von 70 Jahren nach dem Tode des Urhebers veröffentlicht wird; an das Erscheinen sind gebunden: die Freistellung der Vervielfältigung und Verbreitung in einer Sammlung für Kirchen-, Schul- oder Unterrichtsgebrauch (§ 46

Abs. 1), das Recht auf Zitate einzelner Werke in einem selbständigen wissenschaftlichen Werk oder einzelner Stellen eines Musikwerkes (§ 51 Ziff. 1 und 3). Veröffentlichung und Erscheinen spielen auch eine Rolle als Voraussetzung bei der Zwangsvollstreckung (§§ 114 Abs. 2 Ziff. 3, 115, 116 Abs. 2 Ziff. 2) und sind wichtig bei den Kollisionsnormen (§§ 120, 121, 125, 126, 128, 131).

Einen verhältnismäßig großen Raum hat in der Diskussion der Begriff des Erscheinens im Bereich der bildenden Künste eingenommen (vgl. UAUrhR. Prot. 12/6 bis 9); man wollte vor allem Bildwerke (Gemälde, Zeichnungen, Stiche) miterfassen, die von Museen gekauft, aber aus Platzmangel oder anderen Gründen nicht ausgestellt, sondern im Archiv oder Keller untergebracht worden sind. Diese Fälle sind durch die weite Fassung des Gesetzes nunmehr auch gedeckt, da es genügt, wenn das Original oder ein Vervielfältigungsstück bleibend der Öffentlichkeit zugänglich ist. Man kann sich kaum vorstellen, daß irgendwelche Schwierigkeiten entstehen, selbst wenn zur Besichtigung solcher Werke, die sich im Archiv oder Magazin befinden, aus organisatorischen Gründen eine formelle Genehmigung der Museumsverwaltung erforderlich sein sollte. Ein Gemälde ist ja auch dann der Öffentlichkeit zugänglich, wenn der Zugang von der Zahlung eines Eintrittsgeldes abhängig ist.

Dritter Abschnitt

Der Urheber

(§§ 7 bis 10)

Während im Ersten und Zweiten Abschnitt des Ersten Teils (§§ 1 bis 6) die Objekte des Urheberrechts behandelt werden, betrifft der Dritte Abschnitt die Subjekte, die Träger der Urheberrechte. Im § 2 LitUG hieß es: „Urheber eines Werkes ist dessen Verfasser". Die geänderte Fassung des **§ 7** will die Voraussetzung der persönlichen Schöpfung unterstreichen durch die Formulierung: „Urheber ist der Schöpfer des Werkes". Zu den Urhebern werden, wie man aus § 3 herleiten muß, auch die Übersetzer und andere Bearbeiter eines Werkes gezählt, sofern die Bearbeitung den Charakter einer persönlichen geistigen Schöpfung aufweist.

Die Rechte der Miturheber, derjenigen, die gemeinsam ein Werk geschaffen haben, werden im **§ 8** anders als bisher geregelt. Kommt ein Werk mit getrennten, trennbaren und einzeln verwertbaren Beiträgen verschiedener Verfasser in Betracht, so wird nicht wie bisher bei einem solchen Sammelwerk der Herausgeber als Urheber des ganzen Werkes angesehen (§ 4 LitUG, § 6 KSchUG), sondern jedem einzelnen verbleibt das Urheberrecht an seinem Werk, so z. B. bei Festschriften, bei gesonderten Beiträgen mehrerer Sachverständiger zu einem Problem u. ä. Miturheberschaft tritt nur dann ein, wenn mehrere Werke geschaffen werden, ohne daß sich ihre Anteile gesondert verwerten lassen. Die Möglichkeit einer faktischen Trennung ist also nicht entscheidend, sondern die Einheitlichkeit des ganzen Werkes und die Unselbständigkeit des einzelnen Teils im Verhältnis zum Gesamtwerk. In der Begründung des RegE wird auf einzelne Szenen eines Bühnenwerks hingewiesen; in der wissenschaftlichen Literatur werden die Fälle hierher gehören, in denen mehrere Autoren sich zusammengetan haben, um gemeinsam ein Gesetz zu kommentieren und dabei die Erläuterung der einzelnen Vorschriften unter sich aufgeteilt haben. Regelmäßig werden sogar die Aufteilung der einzelnen Arbeiten und ihre Urheberschaft veröffentlicht, so daß die Anteile erkennbar und trennbar, aber infolge ihrer Unvollständigkeit im Rahmen des Ganzen unverwertbar sind. Damit ist eine Interessen- und Zweckgemeinschaft geschaffen, die man als Urhebergesellschaft ansprechen könnte, zumal das Recht zur Veröffentlichung und zur Verbreitung den Miturhebern nicht wie bisher nach Bruchteilen, sondern zur gesamten Hand zusteht. Dieser starken Gemeinschaftsbindung — auch Änderungen sind nur mit Einwilligung, also vorheriger Zustimmung (§ 183 BGB) der Miturheber zulässig — stellt das Gesetz das Korrelat gegenüber, daß kein Miturheber seine Einwilligung zur Veröffentlichung, Verwertung oder Änderung wider Treu und Glauben verweigern darf. Da der Miturheber auch Urheber (Schöpfer) des gemeinsamen Werkes ist (§ 7), hat er alle die dem Urheber nach dem UG zustehenden Rechte, soweit sie nicht durch die Beteiligung mehrerer Urheber nach § 8 eingeengt werden. Die Beschränkung wird im wesentlichen durch den Grundsatz von Treu und Glauben bestimmt (§ 8 Abs. 2 S. 2 und §§ 9 und 39). Das gilt auch für die in § 8 Abs. 2 nicht besonders genannten Rechte, wie die Anerkennung der Urheberschaft und das Recht auf Urheberbezeichnung (§ 19) sowie auf Wahl des Titels (vgl. hierzu die eingehenden Untersuchungen zu § 8 von *Hirsch Ballin* in UFITA Bd. 46 [1966] S. 52 ff.).

§ 9, der die gemeinsame Verwertung von miteinander verbundenen Werken mehrerer Urheber betrifft (Lied und Text, Libretto und Oper, literarisches Werk und Illustration), ändert dic bisherigen Vorschriften der §§ 5 LitUG und 7 KSchG insofern, als jeder Urheber vom anderen die Einwilligung zur Veröffentlichung, Verbreitung und Änderung der obengenannten Werke verlangen kann, wenn die Einwilligung dem anderen nach Treu und Glauben zuzumuten ist.

Bei den Erörterungen im UAUrh ist die Frage einer besonderen gesetzlichen Berücksichtigung des Gemeinschaftswerkes (Gruppenwerk, team-work) sehr eingehend diskutiert (Prot. 7/3 Sachverständigenvernehmung; 12/10), aber schließlich doch negativ entschieden worden (siehe Schriftl. Bericht des Rechtsausschusses zu Drucksache IV/3401 S. 2/3 = UFITA Bd. 46 [1966] S. 177). Die zwar sehr beachtlichen Gründe, die bereits in der „Stellungnahme des Börsenvereins des Deutschen Buchhandels und der Verlegerverbände zur Regierungsvorlage eines Urheberrechtsgesetzes (1963)" angeführt worden sind[17]), konnten nicht zu der beantragten Gesetzeserweiterung führen, da sie dem Grundgedanken des Gesetzes widersprochen hätten. Der Leiter, Lenker und Organisator der zusammenarbeitenden Verfasser, deren Mitwirkung nach Umfang und Bedeutung nicht feststellbar ist, und deren Anteile daher auch nicht getrennt unterscheidbar und verwertbar sind, kann nicht gewissermaßen die Stellvertretung für die gesamten, im einzelnen nicht mehr abzugrenzenden Urheberrechte übernehmen und nach außen als Träger des gesamten Urheberrechts erscheinen. Ist sein Anteil als persönliche geistige Schöpfung zu werten, so wird er Miturheber i. S. des § 8, und es wird seine Sache sein, die Beteiligung an den Erträgnissen mit seinen Mitarbeitern vertraglich zu regeln. § 10 Abs. 2 bietet eine Handhabe für die Praxis. Auch die von den Interessenten geforderte Zubilligung des Urheberrechts an eine juristische Person hätte das einheitliche System des Gesetzes durchbrochen. Im übrigen sollte in Zukunft, wie schon oben ausgeführt, nicht jede rein organisatorische Arbeit der Auswahl, Anordnung, Koordinierung und Gesamtleitung bereits als geistig schöpferische Leistung angesehen werden[18]).

Die Neuerung des **§ 10** über die Vermutung der Urheberschaft ist diskussionslos über die Bühne des Bundestags gegangen. Sie besteht darin, daß die Vermutung für die Urheberschaft eines erschienenen Werkes nicht nur für den gilt, der auf den Vervielfältigungsstücken oder auf dem Original eines Werkes der bildenden Künste mit seinem wahren Namen angegeben ist, sondern auch für den, der mit einem bekannten Decknamen (Pseudonym) oder Künstlerzeichen in

---

[17]) Siehe S. 21 und Anhang: Reichel „Das Gemeinschaftswerk" S. 84 ff. und Bormann „Urheberrecht, Miturheberrecht und Recht am Gruppenwerk bei der Entstehung einer Landkarte und eines Atlasses in der Verlagskarthographie" S. 93 ff.; 1. Nachtrag zur Stellungnahme 1964 S. 4 ff.

[18]) Siehe hierzu Hans-Heinrich Schmieder „Das Recht des Werkmittlers" in UFITA-Schriftenreihe Heft 25 S. 40 bis 43.

der Öffentlichkeit auftritt. Die Bestimmung des § 7 Abs. 3 LitUG über die Vermutung der Urheberschaft bei Werken, die vor oder nach dem Erscheinen öffentlich aufgeführt oder vorgetragen sind, zugunsten dessen, der bei der Ankündigung der Aufführung oder des Vortrags als Verfasser bezeichnet worden ist, ist ersatzlos gestrichen worden; sie war praktisch unbedeutend und hat m. W. niemals zu Streitigkeiten geführt.

Vierter Abschnitt

Inhalt des Urheberrechts

Allgemeines und Urheberpersönlichkeitsrecht

(§ 11 bis 14)

Der Vierte Abschnitt über den Inhalt des Urheberrechts ist mit wenigen Ausnahmen vom Bundestag aus dem Regierungsentwurf übernommen worden. Das Gesetz geht bewußt von der Einheit der ideellen und materiellen Interessen und der Untrennbarkeit der Persönlichkeits- und Vermögensrechte des Urhebers aus. Der Schutz der geistigen und persönlichen Beziehungen des Urhebers zu seinem Werk und dessen Nutzungen (**§ 11**) bringt dies deutlich zum Ausdruck, wie auch andere, in späteren Abschnitten folgende Vorschriften, wie die Unübertragbarkeit des Urheberrechts (§ 29), die Abhängigkeit der Übertragung von Nutzungsrechten von der Zustimmung des Urhebers (§ 34), das Verbot der Änderungen des Werkes, des Titels oder der Urheberbezeichnung (§§ 39, 62) u. a.

Die Dreiteilung des Urheberpersönlichkeitsrechts in §§ 12 bis 14 und ihre Ausgestaltung entsprechen im wesentlichen der bisherigen Rechtslage und Rechtsprechung. Das Veröffentlichungsrecht wird im **§ 12** präzisiert und erweitert, das Recht auf Anerkennung der Urheberschaft ausdrücklich als Grundsatz ausgesprochen und damit zum wesentlichen Bestandteil des Urheberrechts im **§ 13** erhoben. Das gleiche gilt für das Entstellungsverbot des **§ 14.** Die beiden letzten Bestimmungen sind dem Art. 6 bis der RBÜ (Brüssel) angepaßt. Die Fassung des § 14 geht noch darüber hinaus, z. T. schränkt sie ihn ein. Art. 6 bis gibt dem Urheber das Recht,

> „sich jeder Entstellung, Verstümmelung oder sonstigen Änderungen des Werkes oder jeder anderen Beeinträchtigung des Werkes zu widersetzen, welche seiner Ehre oder seinem Ruf nachteilig sein könnten“.

Vergleicht man damit § 14, so ergeben sich zwei Abweichungen: die Begriffe „Verstümmelung“ und „Änderung“ sind gestrichen, da beide Begriffe von dem Wort „Beeinträchtigung“ mit umfaßt werden und deren Aufzählung daher überflüssig ist. Ein Verbot jeder Änderung würde zu weit gegangen sein. Änderungen des Werkes, seines Titels oder der Urheberbezeichnung, zu denen der Urheber seine Einwilligung nach Treu und Glauben nicht versagen kann, sind nach § 39 (siehe auch unten zu § 62) zulässig, zum Beispiel bei Bühnenaufführungen, bei denen Kürzungen oder Umstellungen aus organisatorischen oder technischen Gründen unerläßlich sind, und vielfach im Filmrecht. Die Einschränkung des Art. 6 bis betrifft nur die Beeinträchtigungen, die der Ehre und dem Ruf des Urhebers nachteilig sein könnten. § 14 stellt es darauf ab, daß die Beeinträchtigungen geeignet sein müssen, die berechtigten geistigen oder persönlichen Interessen des Urhebers am Werk zu gefährden. In der Begründung zum RegE wird diese geänderte Formulierung damit gerechtfertigt, daß sie klarer zum Ausdruck bringen solle, daß nicht an den allgemeinen Persönlichkeitsschutz gedacht sei, sondern an den Schutz des geistigen und persönlichen Bandes, das zwischen dem Urheber und seinem Werk bestehe. Das mag richtig sein, jedenfalls bedeutet die neue Fassung effektiv eine Erweiterung des Schutzes, und es ergibt sich, daß im vorliegenden Falle das Urheberpersönlichkeitsrecht weiter geht als das allgemeine Persönlichkeitsrecht, da nicht nur Ehre und Ruf des Urhebers, sondern alle seine geistigen und persönlichen Interessen geschützt werden sollen, soweit diese Interessen berechtigt sind.

Der Begriff der Entstellung ist stark vom subjektiven Empfinden abhängig. Unproblematisch ist das bekannte Beispiel, daß ein allzu züchtiger Hausbesitzer im Treppenflur seines Hauses ein Fresko mit nackten Sirenen ankleiden, d. h. übermalen ließ (RGSt 79, 397 ff.). Schwieriger ist die Entscheidung schon im Falle des „Dreimäderlhaus“, einer aus Schubertschen Melodien zusammengeflickten und seinerzeit zum Teil begeistert aufgenommenen Operette. Hier scheiterte wegen des Ablaufes der Urheberschutzfrist jedes Vorgehen. Eine Entstellung lag zweifellos vor. Richard Strauß soll sogar, wie *Baum* berichtet (GRUR Ausl. 1965, 422), geäußert haben, solange ein Machwerk wie das Dreimäderlhaus nicht mit Zuchthaus bestraft würde, hätten wir kein gutes Urheberrecht. Offenbar haben die Erben von Richard Strauß im Gegensatz zu der eben erwähnten Äußerung der Entstellung der Symphonischen Dichtung „Tod und Verklärung", die am 21. November 1965 durch das Deutsche Fernsehen gesendet wurde, nicht widersprochen. Zwar ist dabei die Musik selbst nicht geändert worden, aber die Darbietung wird aufs schwerste gestört durch die zwischen der Aufnahme des Orchesters eingeblendeten Bilder. Es erscheinen Felslandschaften, die Kapelle sitzt plötzlich mitten im Schnee, der Dirigent verschwindet in Holzschnitten, er wird von seiner Kapelle durch etwas Ähnliches wie einen Gebirgssee getrennt, der Tod kommt vorbeigeritten, im Hintergrunde erblickt man ein Autostraßennetz oder Schipisten. Ein ständiger Wechsel dieser Bilder lenkt dauernd die Aufmerksamkeit von der Musik ab und macht den Musikempfang fast unmöglich. So sehen die modernen Verstümmelungen aus.

In jüngster Zeit haben die Jazzvertonung von christlichen Gebeten und Psalmen und die Inszenierungen der Richard Wagnerschen Musikdramen durch seinen Enkel Wieland Wagner Proteste „gegen die Entstellung" hervorgerufen; sie beruhten wohl auf einer Verkennung und Verwechselung von Traditionswidrigkeit und Fremdartigkeit mit Verstümmelung oder Entstellung.

Die Feststellung einer Beeinträchtigung i. S. des § 14 verlangt die Beantwortung von drei Fragen: ob durch die Änderung geistige oder persönliche Interessen des Urhebers am Werk berührt werden, ob sie berechtigt sind, und ob sie gefährdet werden. Künstler-Überempfindlichkeiten, Primadonnen-Allüren von Star-Autoren sind unbeachtlich, es müssen nur unter objektiver Interessenabwägung die Individualität des Urhebers sowie Gestaltung, Charakter und Tendenz (BGH in GRUR 1954, 80) des Werkes gewahrt bleiben. Bekanntes Beispiel: Die Transposition eines Liedes in eine andere Tonlage. Die neue Vorschrift wird im Ergebnis die Rechtsprechung nicht viel ändern, sie stellt, wie oben ausgeführt, eine Erweiterung gegenüber der Bestimmung in Art. 6 ^{bis} RBÜ (Brüssel) dar, gleicht aber inhaltlich weitgehend den bisherigen Vorschriften des § 9 Abs. 2 LitUG und § 12 Abs. 2 KSchG, denn Entstellungen oder andere Beeinträchtigungen des Werkes, die geeignet sind, die berechtigten geistigen oder persönlichen Interessen des Urhebers am Werk zu gefährden, sind Änderungen, die der Urheber nach Treu und Glauben verbieten darf. Nur ist die neue Formulierung klarer und präziser und insofern weitergehend, als sie die subjektive Seite mehr betont.

Den Schutz nach §§ 12 bis 14 genießen auch die ausländischen Staatsangehörigen, selbst ohne Gegenseitigkeitsanträge oder andere Voraussetzungen (§ 121 Abs. 6).

Verwertungsrechte und Sonstige Rechte des Urhebers

(§§ 15 bis 27)

Grund und Ziel des Reformwerkes, die Anpassung an die Fortschritte der Technik im letzten halben Jahrhundert, werden besonders durch die Aufzählung der neuen Verwertungsrechte im **§ 15** verdeutlicht. Er bildet die notwendige Ergänzung zu der Vorschrift des § 12, daß der Urheber das Recht hat, zu bestimmen, ob und wie sein Werk zu veröffentlichen ist. Das Gesetz unterscheidet die Verwertungsrechte in körperlicher (Abs. 1 Ziff. 1 bis 3) und unkörperlicher Form (Abs. 2 Ziff. 1 bis 4); die letztere Art wird als das Recht der öffentlichen Wiedergabe bezeichnet.

Der Begriff der Öffentlichkeit wird im § 15 Abs. 3 definiert. Es heißt dort zwar: „Die Wiedergabe eines Werkes ist öffentlich, wenn sie für eine Mehrzahl von Personen bestimmt ist, es sei denn ...“, so daß sich die Definition dem Wortlaut nach nur auf die im § 15 Abs. 2 Ziff. 1 bis 4 aufgeführten 6 Verwertungsrechte in unkörperlicher Form bezieht, denn allein diese gehören zu den Rechten der öffentlichen Wiedergabe, jedoch ist der Begriff der Öffentlichkeit einheitlich anzuwenden, also auch bei der Verbreitung und Ausstellung (§§ 17 und 18). Die Begriffsbestimmung folgt den in der Literatur und Rechtsprechung entwickelten Grundsätzen (vgl. z. B. BGH 17, 376 = GRUR 1955, 549 = UFITA Bd. 20 [1955] S. 340 — Betriebsfeier; GRUR 1960, 338 = UFITA Bd. 31 [1960] S. 321 — Tanzstunden-Abschlußball; GRUR 1961, 97 = UFITA Bd. 33 [1961] S. 99 — Sportheim), die weiterhin befolgt werden können.

Neu ist in der ersten Gruppe die ausdrückliche Nennung des Ausstellungsrechtes und in der zweiten Gruppe neben den bisherigen Rechten des Vortrags und der Aufführung (§ 11 Abs. 2 und 3 LitUG) und der Vorführung (§ 15 KSchG): das Senderecht, das Recht der Wiedergabe durch Bild- oder Tonträger und das Recht der Wiedergabe von Funksendungen.

Unter den im § 15 aufgezählten Verwertungsrechten fehlt das Recht zur Verfilmung. Es ist mit Absicht hier nicht mit aufgenommen, weil der Gesetzgeber dieses Recht wegen der damit verbundenen Bearbeitung nicht zu den reinen Verwertungsrechten zählt, sondern seine Regelung dem § 23 i. V. m. §§ 3, 88 ff. unterstellt. § 15 führt nur die Rechte auf, die am Werk ohne dessen Umgestaltung, Bearbeitung und Veränderung bestehen.

Die einzelnen Rechte erhalten in den nachfolgenden **Vorschriften** (§§ 16 bis 22) ihre begriffliche Bestimmung und Begrenzung.

Der Begriff der **Vervielfältigung (§ 16),** nämlich das Recht, Vervielfältigungsstücke des Werkes herzustellen, gleichviel in welchem Verfahren und in welcher Zahl, bleibt derselbe wie bisher und entspricht nach wie vor der Definition, die ihm schon das Reichsgericht gegeben hat (RGZ 107, 277): „Jede körperliche Festlegung eines Werkes, die geeignet ist, das Werk den menschlichen Sinnen auf irgendeine Art unmittelbar oder mitteilbar wahrnehmbar zu machen", er umfaßt also auch, um ein Beispiel, das im UAUrh. besprochen worden ist, anzuführen, das Bauen eines Hauses nach einem Plan, vorausgesetzt, daß es sich um ein künstlerisches Bauwerk handelt. Das war schon nach § 15 KSchG rechtens. Der zweite Absatz hebt die Fiktion und systemwidrige Konstruktion des § 2 Abs. 2 LitUG auf und behandelt die Übertragung des Werkes auf Vorrichtungen zur wiederholbaren Wiedergabe von Bild- und Tonfolgen und das Überspielen eines Werkes von einem Tonband auf das andere als Vervielfältigung und nicht als Bearbeitung. Dies entspricht trotz der Fassung des § 2 Abs. 2 LitUG schon der herrschenden Lehre (vgl. Ulmer, UVR S. 191 und BGHZ 8, 88 = GRUR 1953, 140 — Magnetophon). Damit ist gleichzeitig die Tätigkeit der Plattenhersteller und der ausübenden Künstler nicht mehr als Bearbeitung anzusehen, sie gehört nunmehr zu den Leistungsschutzrechten (§§ 73 ff.). Mit der oben wiedergegebenen Fassung bringt das Gesetz eine klare Begriffsbestimmung für Bild- und Tonträger; wenn es von der wiederholbaren Wiedergabe von Tonfolgen spricht, so ist dabei nicht nur an musikalische Werke zu denken, sondern an alle Sprachwerke, die hörbar gemacht werden und auf Tonträger übertragen werden können, also sogar an Tierstimmen.

Nach **§ 17** bedeutet **Verbreitung** das Recht, das Original oder die Werkstücke, d. h. die Vervielfältigungsstücke des Werkes, in körperlicher Form (§ 15 Abs. 1) der Öffentlichkeit anzubieten oder in Verkehr zu bringen. Die frühere Bedingung der Gewerbsmäßigkeit der Verbreitung (§ 11 Abs. 1 LitUG, § 15 KSchG) ist entfallen. Das Verbreitungsrecht ist nach Absatz 2 ein Erstverwertungsrecht. Sind also die Werkstücke öffentlich angeboten und in Verkehr gebracht, so ist die Weiterverbreitung zulässig. Die frühere Ausnahme für das Verleihen besteht nicht mehr, sondern nach § 27 hat der Vermieter eine angemessene Vergütung zu gewähren, wenn die Verwertung seinen Erwerbszwecken dient. Das hat die Freistellung aller öffentlichen Bibliotheken und Institutionen, deren Ausleihe nicht Erwerbszwecken dient, und gleichzeitig die Belastung der Leser der etwa 28 000 Leihbibliotheken und Lesezirkel zur Folge, die ihre Mietgebühr natürlich entsprechend erhöhen werden. Annehmbar wird sich diese Erhöhung allerdings in sehr engen Grenzen halten. Betroffen wird nicht nur das Vermieten von Büchern, sondern auch von Platten und Noten.

Löffler hat sich in seinem Beitrag „Presse und Urheberrechtsreform“ (Die Urheberrechtsreform 1963 S. 21) gegen die unterschiedliche Regelung für private und öffentliche Bibliotheken gewandt und gemeint, das Bundesverfassungsgericht wäre zur Entscheidung der Frage berufen, ob hier nicht eine erhebliche Verletzung des Gleichheitsgrundsatzes vorliege. Ich möchte die Frage verneinen. Ausschlaggebend ist bei dieser Vorschrift doch der nichtgewerbliche Charakter der öffentlichen Bibliotheken neben den volksbildenden Aufgaben. Hier stehen sich trotz des gleichen Vorganges zwei ungleichartige Institute gegenüber, die ungleich behandelt werden können. Das bei uns sowieso nicht sehr starke Übergewicht der öffentlichen Interessen und die Bevorzugung der nicht auf Erwerb gerichteten staatlichen und gemeindlichen Einrichtungen sollten gegenüber den insoweit nur geringen Individualinteressen der einzelnen Urheber anerkannt werden. Der Leitsatz des Urheberrechts, daß der Urheber prinzipiell an allen Erträgen seines Werkes beteiligt werden soll, wird durch die Freistellung der öffentlichen Bibliotheken nicht verletzt; denn auch in den Fällen, in denen diese Ausleihegebühren — die zwischen 10 und 50 Pfennig schwanken — erheben und selbst dann, wenn dadurch erhebliche Beträge zusammenkommen — in München nehmen nach den Ausführungen des Vertreters des Börsenvereins des Deutschen Buchhandels im UAUrh. (Prot. 7/61) die Volksbüchereien mehrere 100 000,— DM ein —, bleiben die öffentlichen Bibliotheken Zusatzunternehmen, ganz abgesehen davon, daß sie keinem Erwerbszweck dienen und überhaupt keinen Gewinn abwerfen wollen. Daß zu den vom Vergütungsanspruch nicht erfaßten Leihbüchereien, also vor allem den öffentlichen und kirchlichen Büchereien, auch die Werkbüchereien gehören, ist den Verhandlungen des UAUrh. (Prot. 7/55 ff.; 12/38 ff. 14/5 f.) und dem Schriftlichen Bericht des Rechtsausschusses zu § 27 (in UFITA Bd. 46 [1966] S. 180) zu entnehmen. § 27 spricht bewußt von Vermieten, Vermieter und Vermietung. Eine vom Unterausschuß „Urheberrechtsfragen“ des Ausschusses für Kulturpolitik und Publizistik vorgeschlagene Fassung, die ausdrücklich auch das Verleihen, den Verleiher und die Leihe erwähnt wissen wollte, mit dem zusätzlichen Hinweis, daß die Werkbüchereien unter die Abgabepflicht fallen sollten, ist abgelehnt worden. Im Schriftlichen Bericht des Rechtsausschusses heißt es expressis verbis:

„Von dem Vergütungsanspruch werden Werkbüchereien, kirchliche Büchereien und öffentliche Büchereien nicht erfaßt, da diese keine Erwerbszwecke verfolgen und in der Regel auch keine Vergütung für die Ausleihe fordern, also nicht vermieten."

Daß Werkbüchereien Erwerbszwecken dienen, kann keinem Zweifel unterliegen; insoweit ist die oben wiedergegebene Begründung im Schriftlichen Bericht des Rechtsausschusses falsch. Daß regelmäßig keine Mietgebühr erhoben wird, ist für diese Frage nicht ausschlaggebend, sondern vielmehr der Umstand, daß Errichtung und Haltung solcher Büchereien innerhalb der gewerblichen Sphäre des Unternehmens im Rahmen der sozialen und kulturellen Fürsorge erfolgen und ihre Kosten zu den abzugsfähigen Belastungen gehören. Dessen ungeachtet wird jedenfalls dann, wenn die Ausleihe seitens der Werkbüchereien unentgeltlich erfolgt — das dürfte fast ausnahmslos der Fall sein — eine Vergütungspflicht nicht bestehen, wenn man nicht dem Begriff der Miete Gewalt antun und ihn der Leihe gleichstellen will. Die Miete ist nun einmal ein entgeltlicher Vertrag und die Leihe unentgeltlich. Das Gesetz stellt jedoch die Vergütungspflicht auf zwei Fragen ab, ob eine Miete gefordert wird und ob die Bücherei Erwerbszwecken dient. Daher sind die öffentlichen Büchereien befreit, auch wenn sie eine Gebühr fordern, weil sie nicht Erwerbszwecken dienen, und die Werkbüchereien, wenn sie die Bücher kostenlos verleihen, obwohl bei ihnen der Erwerbszweck zu bejahen ist.

Die im § 27 Abs. 2 bezeichnete Ausnahme für Werke, die ausschließlich zum Zwecke der Vermietung erschienen sind (Leihromane), ist unproblematisch, wenig aktuell und bedarf keiner weiteren Erörterung.

Die dritte Befugnis bei der Verwertung in körperlicher Form ist das **Ausstellungsrecht (§ 18)**, das sich auf unveröffentlichte Werke der bildenden Kunst und der Lichtbildwerke bezieht. Hier ist nur die Beschränkung auf die noch nicht erfolgte Veröffentlichung zu vermerken. Mit der Veräußerung eines Bildes oder einer Plastik verbleibt also dem Urheber das Recht der Ausstellung, sofern das Werk noch nicht veröffentlicht ist. Nach der ersten Ausstellung ist sein Recht erschöpft.

Das Gesetz spricht in den §§ 17, 18 und später in den §§ 26 und 44 vom Original eines Werkes, ohne eine Definition zu geben. So selbstverständlich der Sinn des Wortes Original erscheint, bedarf er doch in der bildenden Kunst der Auslegung und Umgrenzung. In der Literatur und Musik wird sich der Ausdruck im allgemeinen auf das Manuskript beziehen, auch in der Malerei versteht man darunter das vom Künstler eigenhändig gemalte Bild, im Gegensatz zu den Kopien und Vervielfältigungsstücken, die auch in den §§ 17 und 18 dem Original gegenübergestellt werden. Es gibt jedoch im Bereich der bildenden Kunst Fälle, in denen ein Original in mehreren Exemplaren vorhanden ist. Das kommt auch in den „Richtlinien für Abschluß und Auslegung von Verträgen zwischen bildenden Künstlern und Verlegern" (Bbl. Nr. 256 vom 2. November 1926) zum Ausdruck, die die Lücke schließen, die dadurch entstanden ist, daß das Verlagsgesetz die Werke der bildenden Künste nicht umfaßt; in den §§ 6 und 18 ist die Sonderstellung der Originalgrafik und -plastik hervorgehoben. Auch in der Bildhauerkunst können mehrere Originale dann entstehen, wenn der Schöpfer des Kunstwerkes seine Abgüsse selbst bearbeitet. Werke der Druckgrafik sind nach der Verkehrsauffassung im Kunsthandel dann als Originale anzusprechen, wenn Entwurf, Druckplatte und Abdruck von ein und derselben Person eigenhändig hergestellt sind. Die handschriftliche Signierung dient als Originalbestätigung (siehe hierzu die Sachverständigenvernehmung im UAUrh. Prot. 7/48 ff.). In allen diesen Fällen wird die Beiziehung eines Gutachtens nicht zu umgehen sein.

Das **Vortrags-, Aufführungs-** und **Vorführungsrecht** wird im **§ 19** näher umschrieben. Das Vortragsrecht bezieht sich nur auf Sprachwerke, die öffentlich und persönlich dargeboten werden. Wird ein Werk der Musik öffentlich zu Gehör gebracht oder ein Werk bühnenmäßig dargestellt, so wird es Aufführung genannt.

Nach unserem allgemeinen Sprachgebrauch trägt ein Sänger zwar Lieder von Schubert und ein Pianist Etüden von Chopin vor, aber in der neuen Gesetzessprache ist es eben eine Aufführung. Die unterschiedliche Bezeichnung ist deshalb ohne Bedeutung, weil die Rechte dieselben sind.

In rechtlicher Beziehung ist neu, daß der Urheber nicht nur vor dem Erscheinen (so bisher § 11 Abs. 3 LitUG), sondern schlechthin das ausschließliche Recht hat, den öffentlichen Vortrag seiner Werke zu erlauben.

Erweitert werden das Vortrags- und das Aufführungsrecht nach Absatz 3 auf das Recht zur Bildschirm- und Lautsprecherübertragung des Vortrages oder der Aufführung „außerhalb des Raumes, in dem die persönliche Darbietung stattfindet". Hier ist man m. E. zu weit gegangen, und es wird Aufgabe der Rechtsprechung sein, eine sinngemäße Auslegung zu finden. Bei buchstabenmäßiger Interpretation führt dies dazu, daß bei Ausverkauf der Plätze im Saal eine sofort nötige Übertragung auf einen anderen Raum, etwa einen Saal oder ein anderes Stockwerk, der besonderen Zustimmung des Urhebers bedürfte. Nach dem stenographischen Protokoll des Rechtsausschusses des BT (129. Sitzung S. 36/37) ist dies sogar gewollt. Dem Antrag, im Absatz 3 zu sagen „außerhalb des Veranstaltungsraumes", ist zwar nicht stattgegeben worden, aber die Bezugnahme auf „die persönliche Darbietung" will (siehe ebenda) unterscheiden zwischen dem Raum, wo die persönliche Darbietung stattfindet, und anderen Räumen, wo die Veranstaltung gleichzeitig stattfindet, der Künstler aber nicht persönlich anwesend ist. Dieser Hinweis bezieht sich zwar nur auf den ausübenden Künstler, dessen Rechte bereits durch § 74 in dieser Beziehung geschützt sind, muß aber auch für den Schutz aller Urheber gelten. Das bedeutet, daß ein Konzert, das im Kursaal stattfindet, ohne Zustimmung des Urhebers nicht durch Lautsprecher auf den daneben liegenden Kurgarten übertragen werden darf, obwohl eine einheitliche, denselben Besucherkreis umfassende Veranstaltung vorliegt.

Im Zusammenhang damit kann auf § 37 Abs. 3 Bezug genommen werden, der die Verträge über die Einräumung von Nutzungsrechten betrifft. An dieser Stelle wird das Nutzungsrecht zu einer öffentlichen Wiedergabe des Werkes durch Bildschirm, Lautsprecher oder ähnliche technische Einrichtungen nicht auf den Raum, sondern auf die „Veranstaltung" beschränkt, für die die Wiedergabe „bestimmt war". Die Inkongruenz dieser beiden Bestimmungen ist darauf zurückzuführen, daß die UAUrh. das im § 19 Abs. 3 des RegE ebenfalls gebrauchte Wort „Veranstaltung" in „Raum" umgewandelt und dadurch das Verwertungsrecht zu sehr ausgeweitet hat. Die Unterscheidung war allerdings im Ansatz bereits im RegE vorhanden und wurde damit begründet, daß die abweichende Formulierung des § 37 Abs 3 gewählt worden sei, weil eine Auslegungsregel nicht auf objektive Merkmale, sondern auf den subjektiven Willen der Vertragsparteien abzustellen sei. Eine einheitliche Formulierung wäre richtiger gewesen und hätte auch den Rechten des Urhebers keinen Abbruch getan. Es ist nicht einzusehen, weshalb das absolute Recht des § 19 Abs. 3 eine andere Regelung erfährt als dasselbe Recht, wenn es Gegenstand eines Nutzungsvertrages ist. In der Praxis wird es sicherlich zu keinen Komplikationen kommen.

Der Begriff des **Vorführungsrechtes** umfaßt in Erweiterung und Änderung des Wortlautes des § 15 Abs. 1 Satz 1 KSchG das Recht, ein Werk der bildenden Künste, ein Lichtbildwerk, ein Filmwerk oder Darstellungen wissenschaftlicher oder technischer Art durch technische Einrichtungen öffentlich wahrnehmbar, d. h. sicht- oder hörbar zu machen. Filmwerke werden also vorgeführt und nicht vorgetragen wie die Sprachwerke und auch nicht aufgeführt, wie es § 19 für die persönliche Darbietung eines Musikwerkes oder die bühnenmäßige Darstellung eines Schauspiels vorschreibt.

Die Ergebnisse der Rechtsprechung über das **Senderecht,** das **Recht der Wiedergabe durch Bild- oder Tonträger** und der **Wiedergabe von Funksendungen** werden durch das Gesetz übernommen und in den §§ 20 bis 22 umgrenzt.

Die Einfügung eines selbständigen **Senderechts** in den Katalog der Verwertungsrechte macht dem Streit über den Charakter der Sendung ein Ende. Die Entwicklung hat, ausgehend vom Begriff der Verbreitung, zu dem das Reichsgericht die Rundfunksendung zählte (RGZ 113, 413 — Der Tor und der Tod), über die Vervielfältigung zur Erkenntnis geführt, daß es sich um eine besondere Art der unkörperlichen Wiedergabe handele (BGHZ 11, 135 = GRUR 1954, 216 = UFITA Bd. 18 [1954] S. 214 — Lautsprecherübertragung). Das Senderecht wird nunmehr bestimmt als „das Recht, das Werk durch Funk, Ton-, Fernsehrundfunk, Drahtfunk oder ähnliche technische Einrichtungen, der Öffentlichkeit zugänglich zu machen". Der Wortlaut sei hier nochmals angeführt, da er etwas von Art. 11bis der RBÜ (Brüssel) abweicht. Der Drahtfunk wird in der Begründung des RegE zu **§ 20** wie folgt umrissen:

> „Unter «Drahtfunk» ist der Vorgang zu verstehen, daß das Werk von einer Sendestelle aus einer Mehrzahl von Empfangsanlagen über Drahtleitungen, wie z. B. das Telefonnetz, zugeleitet wird. Das Werk wird hier der Allgemeinheit in ähnlicher Weise zugänglich gemacht wie beim Rundfunk."

Der Drahtfunk ist nach unserem Recht nunmehr der drahtlosen Rundfunksendung völlig gleichgestellt. In Art. 11bis Abs. 1 Ziffer 2 RBÜ wird dagegen das Recht auf die Weitersendung eingeschränkt, nämlich auf

> „jede öffentliche Mitteilung des durch Rundfunk gesendeten Werkes mit oder ohne Draht, wenn diese Mitteilung von einem anderen als dem ursprünglichen Sendeunternehmen vorgenommen wird".

In der Praxis spielt die Drahtfunkübermittlung keine große Rolle.

Das Recht der Wiedergabe durch Bild- und Tonträger ist im **§ 21** verselbständigt und bedarf nicht mehr der Konstruktion einer besonderen Art des Vortrags oder der Aufführung mittels Film und Schallplatte. Mit dieser Bestimmung ist auch die Regelung des vielumkämpften § 22a LitUG hinfällig geworden, dessen Anwendung schon durch die Rechtsprechung stark durchlöchert war (vgl. die oben zitierte Entscheidung des BGHZ 11, 135 = UFITA Bd. 18 [1954] S. 214).

Ein weiteres Zweitverwertungsrecht ist durch das **Recht auf Wiedergabe von Funksendungen** geschaffen (**§ 22**). Dieses allein dem Urheber vorbehaltene Recht, Funksendungen durch Bildschirm, Lautsprecher oder ähnliche Einrichtungen öffentlich wahrnehmbar zu machen, war früher umstritten und wurde in der Praxis zufolge der Rechtsprechung des Reichsgerichts (RGZ 136, 137) verneint. Die Entscheidung entsprach schon lange nicht mehr der herrschenden Auffassung und ist durch die Urteile des BGHZ 33, 38 (= GRUR 1960, 227 = UFITA Bd. 32 [1960] S. 243), und BGHZ 38, 356 (= GRUR 1963, 213 = UFITA Bd. 39 [1963] S. 104) überholt. § 22 steht also jetzt in Übereinstimmung mit diesem Urteil und mit Art. 11bis Abs. 1 Ziff. 3 RBÜ (Brüssel).

Während § 3 die Bearbeitung, d. h. die Umarbeitung und Umformung eines Werkes zu anderweitiger Verwertung, sofern sie eine eigene persönliche geistige Schöpfung des Bearbeiters ist, als selbständiges Schutzobjekt ansieht, unbeschadet des Urheberrechts am Original, wird die Abhängigkeit der Veröffentlichung oder Verwertung der Bearbeitung und Umgestaltung von der Einwilligung des Urhebers am bearbeiteten Werk in den **§§ 23** und **37 Abs. 1** nochmals besonders herausgestellt. Die Grenze bildet die im **§ 24** behandelte freie Benutzung. Durch die Bearbeitung i. S. des § 3 bleibt das durch die Übersetzung, Dramatisierung, Instrumentierung usw. umgestaltete Werk bestehen, es erscheint nur in anderer Sprache, in geänderter Form oder in verschiedener Ausdrucksweise der Tongebung, aber das Original schimmert nicht nur durch, sondern bleibt in der Substanz erhalten. Auffällig ist die geänderte Terminologie. Im § 3, der die Überschrift „Bearbeitungen" trägt, ist die Rede von „Übersetzungen und anderen Bearbeitungen"; **§ 23** mit der Überschrift „Bearbeitungen und Umgestaltungen" spricht von „Bearbeitungen oder anderen Umgestaltungen". Die Grenzen zwischen den beiden Begriffen sind überaus flüssig und kaum zu ziehen. Die entsprechenden Bestimmungen in der RBÜ (Brüssel) verwenden die Ausdrücke „Übersetzungen, Adaptionen, musikalische Arrangements und andere Umarbeitungen" (Art. 2 Abs. 2, 8 und 12).

In der Begründung des RegE zu § 23 wird die neue Begriffsbezeichnung „Umgestaltung" damit begründet, daß es Umarbeitungen eines Werkes gäbe, die keine Bearbeitung im eigentlichen Sinne darstellen. Als Beispiel werden zwei Fälle angeführt: der Fall des sogenannten Plagiats, also der Anmaßung eines fremden Werkes als eines eigenen, und der Versuch, das fremde Werk zu einer neuen selbständigen Schöpfung frei zu benutzen, der vergeblich bleibt, weil er sich von seinem Vorbild nicht genügend freimachen kann. Beide Tatbestände fallen m. E. weder unter § 3 noch unter § 23. Eine Bearbeitung und Umgestaltung i. S. dieser beiden Vorschriften setzen selbständige, persönliche geistige Schöpfungen voraus. An beiden fehlt es aber hier. Im Falle des Plagiates ermangelt es sogar der Bearbeitung und Umformung. Die Bezeichnung „Umgestaltung" ist daher keine Bereicherung der urheberrechtlichen Terminologie. Diese Umgestaltungen werden bereits durch das Verwertungsrecht des Urhebers nach § 15 getroffen.

Den Brennpunkt der parlamentarischen Erörterungen bildete die Frage, ob die erste körperliche Festlegung der Bearbeitung, also bereits die Herstellung, geschützt werden solle, oder ob es genüge, den Schutz erst dann eintreten zu lassen, wenn das bearbeitete oder umgestaltete Werk veröffentlicht oder sonst verwertet werde. Die Schwierigkeit liegt in der Abgrenzung zu dem im § 54 ausgesprochenen Grundsatz, daß es zulässig ist, wenn einzelne Vervielfältigungsstücke eines Werkes zum persönlichen Gebrauch hergestellt werden. Die Regelung des § 23 bringt einen ausreichenden Schutz. Die Bedenken, die gegen die unterschiedliche Regelung der Bearbeitung und der Vervielfältigung, die nach § 16 schon die Herstellung umfaßt, erhoben worden sind, greifen nicht durch. Selbst die Experten waren sich in der Grundfrage nicht einig. Man sah zwischen einer Vervielfältigung und einer Bearbeitung keinen Unterschied und plädierte daher für eine Gleichbehandlung, andererseits wies man dagegen darauf hin, daß die Vervielfältigung eine andere Nutzungsart als die Bearbeitung sei (siehe UAUrh. 12/18 bis 21). Das Gesetz ist wohl den richtigen Weg gegangen. Wenn bei der Vervielfältigung die Herstellung der Vervielfältigungsstücke verboten ist, aber bei der Bearbeitung erst die Veröffentlichung und sonstige Verwertung, so ist das Ziel beider Bestimmungen, jede Verwertung, also Vervielfältigung oder Bearbeitung, dem Urheber vorzubehalten. Der persönliche Gebrauch ohne das Ziel einer gewerblichen Verwendung bleibt auf jeden Fall frei. Die Differenzierung ist gerechtfertigt, denn die Vervielfältigung ist in viel höherem Grade als die Bearbeitung der Arbeit „im stillen Kämmerlein" (UAUrh. Prot. 14/4) entrückt, ebenso wie die Arbeiten für die Verfilmung, die Ausführung von Plänen und Entwürfen eines Werkes der bildenden Künste oder das Nachbauen eines Werkes der Baukunst. Deshalb unterwirft § 23 Satz 2 in diesen Fällen bereits das Herstellen der Bearbeitung oder Umgestaltung der Einwilligung des Urhebers.

Der heftige Kampf im Vorfelde der parlamentarischen Verhandlungen um die **freie Benutzung** und den starren **Melodienschutz** hat das erfreuliche Ergebnis gezeitigt: Es bleibt alles beim alten. Der neue **§ 24** hat den gleichen Inhalt wie die §§ 13 LitUG und 16 KSchG und nur ein anderes Gewand. Es bedarf daher keiner eingehenden Erörterung des Begriffs der freien Benutzung (siehe oben zu § 23). Nach ständiger Rechtsprechung des Bundesgerichtshofs liegt eine freie Benutzung i. S. des § 13 LitUG dann vor, „wenn das neue Werk gegenüber dem bestehenden einen solchen Grad der Selbständigkeit und Eigenart aufweist, daß von einer ‚abhängigen' Nachschöpfung nicht mehr die Rede sein kann" (so BGH in GRUR 1960, 606 = UFITA Bd. 32 [1960] S. 343 — Eisrevue II und die früheren auf derselben Linie liegenden Entscheidungen in GRUR 1958, 354 = UFITA Bd. 32 [1958] S. 337 — Sherlock Holmes in GRUR 1958, 402 = UFITA Bd. 25 [1958] S. 445 — Lilli Marleen und in GRUR 1958, 510 = UFITA Bd. 26 [1958] S. 220 — Mecki Igel I, ferner in GRUR 1960, 251 = UFITA Bd. 31 [1960] S. 233 — Mecki Igel II), mit anderen Worten: wenn das neu geschaffene Werk an ein anderes urheberrechtlich geschützes Werk anknüpft, aber eine solche charakteristische Selbständigkeit zeigt, so daß die entlehnten eigenpersönlichen Züge des geschützen älteren Werkes verblassen (siehe BGH in GRUR 1961, 631). Damit ist ausgesprochen, daß bloße Weglassungen, Vereinfachungen, Zusätze und unwesentliche Veränderungen, denen keine eigene geistige Arbeit und kein bedeutsamer Gedanke zugrunde liegen, den Tatbestand einer freien Benutzung nicht erfüllen. Hier die Demarkationslinie zwischen Bearbeitung und freier Benutzung zu ziehen, ist Sache der Auslegung. Die früheren §§ 13 LitUG und 16 KSchG hatten eine andere Formulierung. Sie bejahten die Zulässigkeit der freien Benutzung eines Werkes, wenn dadurch eine eigentümliche Schöpfung hervorgebracht werde. § 24 erlaubt die freie Benutzung dann, wenn dessen ungeachtet ein vollständiges Werk geschaffen worden ist. Wie an der oben zitierten Rechtsprechung ersichtlich ist, ist damit keine Änderung des Begriffes der freien Benutzung verbunden, da jede eigentümliche Schöpfung selbständig ist und jedes selbständige Werk den Stempel der Eigentümlichkeit trägt.

Im RegE war der besondere Melodienschutz (§ 13 Abs. 2 LitUG) gestrichen, weil er „dem musikalischen Schaffen ungerechtfertigt enge Grenzen ziehe". Auch der Bundestagsausschuß für Kulturpolitik und Publizistik hat eine Sondervorschrift zugunsten der Musik nicht für gerechtfertigt gehalten (Schriftlicher Bericht des Rechtsausschusses zu § 24). Dieser Meinung haben sich der UAUrh. und der Rechtsausschuß nicht angeschlossen. In der Tat rechtfertigen auch die Beispiele, die in der Begründung des RegE zu § 24 angezogen werden, nicht die Streichung des Melodienschutzes. Es ist nicht einzusehen, warum Variationen oder Fantasien über fremde Themen nicht von der Einwilligung des Urhebers der als Anregung benutzten Melodie abhängig sein dürfen. Im übrigen handelt es sich dabei in der heutigen Musikliteratur um verschwindend wenige Einzelfälle, in denen die Befragung des Urhebers zumutbar und die Einwilligung wohl fast immer ohne Schwierigkeiten zu erlangen wäre. Wird sie, selbst ohne Begründung, abgelehnt, so muß sich der Benutzer dem höherstehenden Urheberpersönlichkeitsrecht beugen. Die berühmten modernen Variationenwerke, wie die Reger-Variationen über ein Thema von Mozart, die Weber-Metamorphosen von Paul Hindemith und die Clementi-Variationen von Boris Blacher sind alle auf freien Melodien aufgebaut. Die Freistellung der Variationenwerke, die der RegE in § 51 Ziff. 4 vorsah, ist daher nicht in das Gesetz mit aufgenommen worden.

Der weitere Einwand, daß bei Werken der leichten Musik regelmäßig die Melodie so sehr im Vordergrund stehe, daß im Falle ihrer Entnahme aus einem fremden Werke kaum jemals von einer selbständigen Neuschöpfung gesprochen werden könne, und § 24 also ohnehin nicht anwendbar sei, greift einen einzigen Fall heraus. Seine Begründung geht überdies fehl, weil es durchaus möglich ist, eine Melodie durch rhythmische, harmonische oder instrumentale Bearbeitung und Umgestaltung so umzuformen, daß ohne die Selbständigkeit einer musikalischen Erfindung der Anschein einer Neuschöpfung erweckt wird.

Mit Recht haben sich daher der Deutsche Musikverlegerverband in zwei Stellungnahmen vom Mai 1960 und vom 16. April 1963, die Internationale Gesellschaft für Urheberrecht in einer Schrift vom Jahre 1964 und die vom UAUrh. vernommenen Sachverständigen (Prot. 7/18 ff.) für den Melodienschutz eingesetzt. Der ausschlaggebende Grund für seine Beibehaltung liegt in der Wesensverschiedenheit des Sprach- und Musikwerkes. Die Musikwerke sind geistige schöpferische Werke, die nicht mit Worten, nicht mit der Sprache, sondern mit den besonderen Ausdrucksmitteln der Musik Gedanken, Gefühle und Phantasie offenbaren. Die Melodie ist eine in sich geschlossene, geordnete rhythmische, durch Harmonie noch expressiver wirkende Tonfolge. Man kann sie mit einem Satz der Sprache vergleichen, der einen selbständigen Gedanken enthält und diesen in neuer Gestaltung und Akzentuierung (Betonung) — in der Poesie gesteigert durch das Versmaß — zum Ausdruck bringt. Die Tonfolge allein bildet noch keine Melodie wie z. B. die Tonleiter oder die Sirene, sie hat noch keine „Physiognomie". Erst durch die Differenzierung der Tonlänge und -gewichte, durch den Rhythmus entsteht die Melodie. Da ist eine von alters her stammende Erkenntnis [19]).

Die Vertreter der oben genannten Verbände und des Deutschen Komponistenverbandes haben sogar einen über die bisherigen Bestimmungen des § 13 Abs. 2 LitUG hinausgehenden erweiterten Schutz mit folgender Formulierung gefordert:

> „Bei einem Werk der Musik ist jede Benutzung unzulässig, durch welche eine Melodie, ein Thema oder ein charakteristisches Merkmal erkennbar dem Werk entnommen oder einer neuen Arbeit zugrunde gelegt wird."

Dieser Antrag und seine schriftliche sowie mündliche Begründung sind für die Auslegung des § 24 Abs. 2. nicht ohne Bedeutung. Hervorgegangen ist der Antrag aus der Überlegung, daß durch die Verschiebung der Schwerpunkte in der Musik der Schutz auch „andere tragende Elemente als die Melodie" erfassen müsse. Der UAUrh. ist übereinstimmend mit dem Rechtsausschuß und dem Plenum des Bundestages diesen Vorschlägen nicht gefolgt, weil die Begriffe „Thema" und „charakteristisches Merkmal" zu unbestimmt seien und zu einer neuen Rechtsunsicherheit führen würden, die

---

[10]) P l a t o n spricht, allerdings mehr an die Lyrik denkend, vom „ μέλος ἐκ λόγου καὶ ἁρμονίας καὶ ῥυθμοῦ συγκείμενον. S c h o p e n h a u e r schreibt im 39. Kapitel des Dritten Buches des Bd. II der „Welt als Wille und Vorstellung": „Die Melodie besteht aus zwei Elementen, einem rhythmischen und einem harmonischen; jenes kann man auch als das quantitative, dieses als das qualitative bezeichnen, da das erstere die Dauer, das letztere die Höhe und Tiefe der Töne betrifft ... Das rhythmische Element ist das wesentlichste, da es für sich allein und ohne das andere eine Art Melodie darzustellen vermag, wie es z. B. auf der Trommel geschieht. — Die vollkommene Melodie verlangt jedoch beide." — H a n s P f i t z n e r spricht in der „Neuen Ästhetik der musikalischen Impotenz" 3. Aufl. 1912 S. 164 davon, daß die eigentlichen Urelemente der Musik Ton und Rhythmus seien und eine Melodie erst entstehe, wenn eine geschlossene Gliederung hinzukomme. — P e t e r T s c h a i k o w s k y schreibt in einem Brief an Frau von Meck vom 24. Juni 1878: „Die Melodie kann in der Vorstellung nie anders als gemeinsam mit der Harmonie entstehen. Überhaupt können diese beiden Musikelemente zusammen mit dem Rhythmus sich niemals voneinander trennen, d. h. jeder melodische Einfall trägt seine ihm eigene Harmonie und rhythmische Teilung in sich." — P a u l H i n d e m i t h „Unterweisung im Tonsatz" 1937 sagt auf Seite 202: „Man könnte einwenden, daß ... aber Melodien ohne fortwährend bestimmenden Einfluß des Rhythmus undenkbar seien. Das ist richtig, jeder Schritt von einem Ton zu einem anderen setzt ja eine Zeitdauer der Töne voraus, ist also vom gleichmäßigen Schlage des Taktrhythmus abhängig." — Schließlich sei noch E i m e r t erwähnt, der die atonale Melodie den höchsten Ausdruck des atonalen Gedankens nennt.

gerade durch die Beibehaltung des geltenden Rechtszustandes vermieden werden sollte. Dem kann man nur beistimmen. In der gesamten Diskussion ist eigenartigerweise von keinem der Sachverständigen versucht worden, eine Definition der Melodie zu geben. Das wäre um so nötiger oder doch zweckmäßiger gewesen, als nun drei verschiedene Elemente eines Tonwerkes geschützt werden sollten und daher voneinander hätten abgegrenzt werden müssen, aber eine vermutlich sehr schwierige, wenn nicht unmögliche Aufgabe, da die Begriffe „Thema“ und vor allem „charakteristisches Merkmal“ schwer abgrenzbar und konkret faßbar sind, ineinander übergehen und sich oft, sogar sehr oft decken. So wird z. B. in der Stellungnahme der Musikverleger vom 16. April 1963 S. 8. selbst zur Erläuterung des Begriffes „charakteristisches Merkmal“ von einem „charakteristischen Thema“ und von den Sachverständigen (UAUrh. Prot. 7/25) von einem „Einzelmotiv“, einem „ganz kurzen Leitmotiv“ und „bestimmten Motiv als Vermögensobjekt“ gesprochen.

Die einzelnen Teile und Teilchen einer Melodie, ein Einfall, eine in einem einzigen Takt zusammengefaßte Idee oder eine Verzierung können nicht auseinandergerissen und für sich allein Schutz beanspruchen, ebensowenig wie ein noch nicht geformter und ausgeführter Gedanke oder ein unvollendeter Satz. Beispiele hierfür gibt die Musikliteratur in Hülle und Fülle. Niemand wird auf den absurden Gedanken kommen, daß das aus $^4/_4$-Noten bestehende Glockenmotiv aus Parsival der Chopinschen Etüde op. 25 Nr. 7 entnommen worden ist oder daß Puccini dieses Motiv „erkennbar“ in Tosca oder Lehár in der Lustigen Witwe benutzt haben. Auf die Länge des Motivs oder Themas kommt es allerdings nicht an, denn es gibt sehr kurze Melodien aus drei oder vier Takten und ebenso lange Motive, wie z. B. das Widersacher-Thema in Richard Strauß' Symphonischer Dichtung „Das Heldenleben“, das in dem berühmt gewordenen Rechtsstreit über das Orchesterwerk „Kaleidoskop“ von Heinrich Norden vom ehemaligen Oberlandesgericht Dresden zu Unrecht als ein (der Geschlossenheit entbehrendes) Motiv oder Thema und nicht als Melodie angesehen worden ist. Nicht jedes Thema oder jedes Motiv ist eine Melodie, aber jede Melodie kann als Thema oder Motiv verwandt werden wie z. B. das Parsival-Motiv. In der modernen Musik, in der es auf eine sangbare Tonfolge nicht ankommt, wird dies in Einzelfällen auf Schwierigkeiten stoßen, da es in den Extremen auch möglich ist, daß innerhalb der drei Dimensionen der Rhythmus zum fast alleinigen Charakteristikum wird oder die Tonfolge und der Rhythmus durch die Klangfülle (Harmonie oder Disharmonie) zurückgedrängt werden. Man wird es also immer im Streit über die Entnahme einer Melodie darauf abstellen müssen, ob die Voraussetzungen einer Melodie nach der oben gegebenen Begriffsbestimmung vorhanden sind. Einer allzu engherzigen Plagiatsschnüffelei wird dadurch ein Grenze gesetzt. Im übrigen sollte man auf dem Gebiete des Urheberrechts sich vor einem betont kommerziellen Denken hüten.

Unter den sonstigen Rechten des Urhebers werden drei neue Befugnisse geregelt. **§ 25** gibt dem Urheber gegen den Besitzer des Originals oder eines Vervielfältigungsstückes das Recht, daß letzterer ihm das Original oder das Vervielfältigungsstück zugänglich macht, wenn er es zur weiteren Vervielfältigung oder Bearbeitung benötigt und nicht berechtigte Interessen des Besitzers entgegenstehen. Zur Herausgabe an den Urheber soll der Besitzer nicht verpflichtet sein. Die neue Bestimmung fußt auf einem Urteil des BGH (GRUR 1952, 257— Krankenhauskartei), das in dem betreffenden Falle die Herausgabe von Karteikarten eines Krankenhauses an den früheren Chefarzt ablehnte, die Frage, ob es sich bei den Karteikarten um Schriftwerke i. S. des § 1 Abs. 1 Ziff. 1 LitUG handele, unentschieden ließ und die Entscheidung auf bürgerlich-rechtliche Vorschriften (§ 950 BGB) stützte. Urheberrechtlich ist die Befugnis aus dem ausschließlichen Vervielfältigungsrecht des Urhebers (§ 15 Abs. 1 Ziff 1) herzuleiten. Es ist ein echter Kollisionsfall zwischen dem Eigentum am Werkstück und dem nicht übertragbaren Urheberrecht (§ 29 Satz 1). In der Begründung zu § 25 RegE (S. 52) wird die Meinung vertreten, daß der Besitzer nicht verpflichtet sei, das Original aus Rücksicht auf den Urheber aufzubewahren oder vor Beschädigung oder Vernichtung zu schützen. Nun wird allerdings der Eigentümer oder Besitzer — es kommen ja im wesentlichen nur Werke der bildenden Künste in Betracht — regelmäßig das erworbene oder ererbte Kunstwerk sorgsam aufbewahren, aber grundsätzlich wird man die aus dem Urheberpersönlichkeitsrecht fließenden Befugnisse höher werten müssen als das aus § 903 BGB sich ergebende Recht, mit der Sache nach Belieben zu verfahren. Gesteht man dem Urheber kraft Gesetzes zu, eine Entstellung oder eine andere Beeinträchtigung seines Werkes zu verbieten (§ 14), so wird man ihm erst recht zugestehen müssen, der durch unpflegliche und verständnislose Behandlung drohenden Vernichtung entgegenzutreten.

Trotz mancher Einwände und verfassungsrechtlicher Bedenken ist das Folgerecht für die bildenden Künstler unter Ausschluß der Werke der Baukunst und der angewandten Kunst im **§ 26** Gesetz geworden. Dieses für uns neue, in Frankreich, Belgien und Italien bereits bestehende und in der BRÜ (Brüssel) in Art 14bis vorgesehene Institut verstößt weder gegen die Gerechtigkeit noch gegen die Eigentumsgarantie noch gegen den Gleichheitsgrundsatz des Grundgesetzes. Wenn man es bekämpfen will, so vielleicht wegen seiner leider geringen praktischen Bedeutung. Nach der endgültigen Formulierung hat derjenige, der das Original eines Werkes der bildenden Kunst weiterveräußert, dem Urheber einen Anteil in Höhe von 1 % des Veräußerungserlöses zu entrichten, wenn ein Kunsthändler oder Versteigerer als Erwerber, Veräußerer oder Vermittler beteiligt ist und der Erlös mehr als DM 500,— beträgt. Erfaßt wird also nur der gewerbliche Handelsverkehr, der private Verkauf ist befreit. Wenn *Kleine* („Das Folgerecht" in BBl. Nr. 68 vom 24. August 1962 S. 1482) bemerkt, daß das Folgerecht keine rein urheberrechtliche Befugnis sei, so wird man dem beipflichten müssen, aber es steht in engem Zusammenhang mit dem vermögensrechtlichen Element des Urheberrechts, besonders mit dem Verbreitungsrecht. Übersehen wird, daß das allein für die bildende Kunst geltende Folgerecht einen Ausgleich schafft gegenüber den literarischen und musikalischen Urhebern, die an den wachsenden Erträgen bei steigender Auflagenzahl und Häufigkeit der Aufführungen automatisch teilhaben. Entgegen *Reichel* („Das Prinzip der Subsidiarität und der Entwurf des Urheberrechtsgesetzes" in BBl. Nr. 90 vom 9. November 1962 S. 1973 ff.) verletzt die Belastung des Kunsthandels nicht den Gleichheitsgrundsatz des Art. 3 Abs. 1 GG, da sie die ganze Erwerbsgruppe trifft. Ein Vergleich mit den Verlegern kann in diesem Falle nicht gezogen werden. Es ist daher zulässig, wesentlich Ungleiches ungleich zu behandeln (BVerfG 1,52), zumal mit dem Ziel, die gesamten Kunstschaffenden gleichzustellen und dem obersten urheberrechtlichen Grundsatz Genüge zu leisten, die Urheber nach Möglichkeit an den Erträgen ihrer Werke teilhaben zu lassen.

Ebensowenig kann aus Artikel 14 Abs. 3 GG die Verfassungsmäßigkeit bestritten werden, da es sich um eine soziale Bindung oder Verpflichtung handelt, deren Erforderlichkeit und Verhältnismäßigkeit niemand zu leugnen vermag. Im UAUrh. (Prot. 7/43 ff.) ist vom Vertreter des Bundesverbandes des Deutschen Kunst- und Antiquitätenhandels die Geringfügigkeit der durch das Folgerecht den Künstlern zufließenden Erträge betont worden. In der Tat, bei der Höhe von 1 Prozent des Anteils am Veräußerungserlös springt für den Künstler ein äußerst geringer Betrag heraus, und im gleichen Maße ist die Belastung des Kunsthandels im Einzelfall minimal. Geht es um größere Werte, um Verkaufspreise von DM 10 000,— aufwärts, so beträgt mithin der Anteil DM 100,— usw.. Natürlich kommt bei der Kalkulation für den Kunsthandel die

Häufung der Verkaufsfälle hinzu. Aber sollte dies wirklich für den Kunsthandel untragbar sein, der doch nach kaufmännischen Grundsätzen dieses eine Prozent auf den Käufer abwälzen kann und wird. Ist wirklich anzunehmen, daß private Verkäufer deshalb ins Ausland ausweichen werden? Zugegeben, das Gesetz enthält einen Schönheitsfehler, denn der Veräußerungserlös braucht nicht unbedingt einen Mehrwert, sondern kann auch einen Verlust erbringen. Jedoch ist nach den Ausführungen der Experten der Gesamtbetrag so gering, daß die Belastung zumutbar erscheint. Und welcher Kaufmann bleibt vom Verlustgeschäft verschont. Hierzu kommt die Freigrenze für Verkäufe unter DM 500,—, d. h., daß die vielen künstlerisch durchaus wertvollen Kleinbilder und -plastiken sowie die graphischen Werke (Radierungen und Stiche), die im täglichen Geschäftsverkehr eine große Rolle spielen und einen beachtlichen Umsatz aufweisen, von der Folgerechts-Abgabe nicht betroffen werden. Einen weiteren Schutz für die bildenden Künstler enthält die Vorschrift der Unabdingbarkeit des Anteils. Ein im voraus erklärter Verzicht auf den Anteil ist nichtig (Abs. 2). Diese ebenfalls angegriffene Bestimmung hat ihren Vorgang im Arbeits- und Unterhaltungsrecht. Ausländischen Staatsangehörigen steht das Folgerecht nur im Falle der Gegenseitigkeit zu (§ 121 Abs. 5).

Fünfter Abschnitt

Rechtsverkehr im Urheberrecht

Rechtsnachfolge und Nutzungsrechte

(§§ 28 ff.; 31 ff.)

Drei Grundsätze gelten für die Rechtsnachfolge im Urheberrecht: Das Urheberrecht ist vererblich, unter Lebenden nicht übertragbar, dagegen können Nutzungsrechte am Werke einem Dritten überlassen werden. Im Endeffekt ändert sich dadurch nicht viel, nur die Konstruktion weicht von der bisherigen Systematik ab. In erster Linie ist es *Ulmer* gewesen, der sich schon früher gegen die „nach der Studierlampe riechende" Konstruktion gewandt und seine Bedenken nochmals im UAUrh. (Prot. 12/22) wiederholt hat. Er hat vor allem den Ausdruck „Einräumung von Nutzungsrechten" kritisiert, weil man sich damit vom internationalen Sprachgebrauch und vom Sprachgebrauch des Lebens entferne, in eine Isolierung begebe und sachenrechtlichen Vorstellungen (Lizenz, Nießbrauch) folge. Bei der ersten Lesung hat der Abg. *Deringer* ebenfalls Zweifel an der Richtigkeit der Lösung angemeldet, und auch der Abg. *Reischl* hat zur Diskussion gestellt, ob es für den Rechtsverkehr wesentlich sein könne, daß wenigstens das Verwertungsrecht übertragbar bleibe (BT vom 6. Dezember 1963 S. 4645 C und 4648 C = UFITA Bd. 46 [1966] S. 160 und 169). Es soll diese Auseinandersetzung hier nicht weitergeführt werden, weil man sich schließlich doch den Vorschlägen des RegE angeschlossen hat, wohl in der Erkenntnis, daß, wie schon oben bemerkt, der neue Weg zum selben Ziele kommt, und letzten Endes die erhobenen Einwendungen mehr terminologischer als dogmatischer Art sind (siehe auch UAUrh. Prot 14/6). Man kann sich ja ein Recht vorbehalten und die Ausübung einem anderen überlassen; ob man dies Übertragung nennt oder Einräumung, ändert nichts an der Rechtssituation, wobei die Bemerkung erlaubt sei, daß nach unserem Sprachgebrauch Lizenzen und Nießbrauchsrechte gar nicht eingeräumt, sondern bestellt werden.

Die nunmehr geltende Regelung hat den Vorteil, daß die Verwertungsrechte des Urhebers nicht voll übertragen werden können und dadurch die Nutzungsrechte als vom Urheber abgeleitete Rechte verdeutlicht werden. Gleichzeitig wird damit die Bindung des Nutzungsberechtigten an die geistigen und persönlichen Interessen des Urhebers betont, die in den weiteren Bestimmungen der §§ 39 ff. (Erfordernis der Zustimmung des Urhebers zu einer weiteren Übertragung des Nutzungsrechtes, Rückrufrecht) ihren besonderen Ausdruck findet (vgl. Schriftlichen Bericht des Rechtsausschusses zu § 31 = UFITA Bd. 46 [1966] S. 181). Die Praxis wird jedenfalls mit Leichtigkeit mit dieser neuen Theorie fertig werden.

Die erbrechtlichen Bestimmungen sind klar und auch begründet, soweit sie das Prinzip der Nichtübertragbarkeit durchbrechen. Der Urheber hat das Recht, testamentarisch die Ausübung des Urheberrechts einem Testamentsvollstrecker zu übertragen, ohne daß damit das Recht der Erben auf die Erträge aus der Nutzung der Werke geschmälert wird, oder das Urheberrecht nicht dem testamentarischen Erben, sondern einem Vermächtnisnehmer zuzuwenden, eine Bestimmung, bei der wohl das Urteil des Bundesgerichtshofes in BGHZ 15,250 = UFITA Bd. 19 (1965) S. 353 (Cosima Wagner) Pate gestanden hat. Ebenso können die Erben im Wege der Auseinandersetzung das Urheberrecht auf einen Miterben, also nicht auf einen außenstehenden Dritten, übertragen. Erhält ein Testamentsvollstrecker durch letztwillige Verfügung die Verwaltung der Urheberrechte, so werden etwaige zeitliche Beschränkungen, die sich aus § 2210 BGB ergeben, nach **§ 28 Abs. 2** außer Kraft gesetzt. Alle Rechtsnachfolger treten in die vollen Rechte des Urhebers ein **(§ 30).**

Den oben behandelten Verwertungsrechten (§§ 15 bis 23) stellt das Gesetz **die Nutzungsrechte** (**§§ 31 ff.**) gegenüber. Auf eine kurze

Formel gebracht: Der Urheber verwertet sein Werk, der Verleger nutzt es.

Die Einräumung der Nutzungsrechte entspricht äußerlich der Regelung der Patentlizenzen. Zwar beschränkt sich das Patentgesetz im § 9 Satz 2 darauf, die beschränkte oder unbeschränkte Übertragung der Rechte auf das Patent, auf Erteilung des Patentes und aus dem Patent auszusprechen, aber Lehre und Rechtsprechung haben ein ganzes Lizenzrechtssystem darauf aufgebaut. Das Urheberrechtsgesetz konnte wegen der Wesensverschiedenheit zwischen Patent- und Urheberrecht dem nicht allenthalben folgen. Hier zeigt sich klar die unterschiedliche Gestaltung der gewerblichen Schutzrechte und des Urheberrechts. Die Nutzungsrechte werden im Gegensatz zum Patentgesetz viel eingehender in den §§ 31 bis 44 behandelt, offenbar, um von vornherein eine glatte Übernahme der Grundsätze aus dem Patentlizenzrecht abzuwehren. Dabei spielt die Frage eine besondere Rolle, ob die urheberrechtlichen Nutzungsrechte dieselbe Rechtsnatur haben wie die patentrechtlichen Lizenzen. Dort verleiht die Übertragung der ausschließlichen Nutzung ein absolutes, vererbliches, veräußerliches und verpfändbares quasidingliches Recht mit der Folge, daß der Generallizenznehmer Unterlizenzen erteilen und Verletzungsprozesse aus eigenem Recht führen kann und zur Benutzung verpflichtet ist, während die einfache Lizenz nur obligatorische Wirkung hat, die genannten Rechte nicht mit überträgt und auch eine Nutzungsverpflichtung regelmäßig nicht begründet.

Das Urheberrechtsgesetz definiert im **§ 31 Abs. 1** das Nutzungsrecht mit der Bestimmung, daß der Urheber einem anderen das Recht e i n r ä u m e n kann, das Werk auf einzelne oder alle Nutzungsarten zu nutzen, und unterscheidet ebenfalls ein einfaches und ein ausschließliches Nutzungsrecht (**Abs. 2 und 3**). Der einfache Lizenznehmer muß neben sich die gleiche Nutzung durch den Urheber oder andere Nutzungsberechtigte dulden, der ausschließliche Nutzungsberechtigte übt seine Rechte unter Ausschluß aller anderen Personen einschließlich des Urhebers aus und ist befugt, Dritten einfache Nutzungsrechte einzuräumen; letzteres kann er allerdings nur mit Zustimmung des Urhebers (**§ 35**), die dieser nicht wider Treu und Glauben verweigern kann (**§ 34 Abs. 1 Satz 2,** vgl. auch § 28 Abs. 1 VerlG.). Die Zustimmung entfällt dann, wenn die Erteilung des ausschließlichen Nutzungsrechtes die Wahrnehmung der Interessen des Urhebers bezweckte — gedacht ist dabei an die den Verwertungsgesellschaften und Bühnenvertrieben eingeräumten ausschließlichen Rechte, die besonders durch Vergabe von einfachen

Nutzungsrechten ausgewertet werden (siehe Begründung des RegE zu § 35) — und ist ferner nicht erforderlich, wenn der Urheber vertraglich darauf verzichtet (§§ 35 Abs. 1 Satz 2, 34 Abs. 4). Für Sammelwerke gilt die Ausnahmebestimmung des § 34 Abs. 2.

Die rechtliche Lage ist daher anders als im Patentrecht. Die Grenze zwischen einfachen und ausschließlichen Nutzungsrechten wird oft flüssig sein, beide Rechte sind gegenständlich (so auch für die bisherige Rechtslage *Ulmer*, UVR S. 297) und sind räumlich, zeitlich oder inhaltlich b e s c h r ä n k b a r (**§ 32**). Die ausschließliche Lizenz braucht daher nicht notwendig die einzige zu sein (vgl. RGZ 106, 362 betr. Filmurheberrecht), kann aber andererseits räumlich, zeitlich und sachlich so weitgehend unbeschränkt und ausschließlich sein, daß dem Urheber weitere Verwertungsrechte nicht mehr verbleiben und ihm nur noch das aller Nutzungsrechte entkleidete unübertragbare Urheberpersönlichkeitsrecht zusteht. Die Übertragung eines ausschließlichen Nutzungsrechtes schließt die Prozeßführungsbefugnis mit ein.

Das einfache Nutzungsrecht, das der Urheber vor Einräumung eines ausschließlichen Nutzungsrechtes eingeräumt hat, bleibt gegenüber dem Inhaber des ausschließlichen Nutzungsrechts wirksam (**§ 33**), während der einfache Lizenznehmer eines Patentes die vom Patentinhaber weitervergebenen ausschließlichen oder einfachen Lizenzen gegen sich gelten lassen muß (vgl. RGZ 82, 92 und GRUR 1939, 826). Die Nutzungsrechte sind vererblich aber, wie schon oben betont, nur mit Zustimmung des Urhebers übertragbar und daher nicht pfändbar (vgl. hierzu *Hubmann*, URV § 61 s. 248).

Einen besonderen Schutz für den Urheber bilden die Bestimmungen im **4. und 5. Absatz des § 31;** sie erklären die Einräumung von Nutzungsrechten für noch nicht bekannte Nutzungsarten sowie Verpflichtungen hierzu für unwirksam, um einen „Ausverkauf“ des Urhebers, wie er unter dem früheren Urheberrecht vielfach stattgefunden hat, zu verhindern (siehe RA 129. Sitzung S. 45). Darüber hinaus werden für die Auslegung der Nutzungsverträge die Grundsätze der sog. Zweckübertragungstheorie herangezogen. Die Absicht, eine Bestimmung in das Gesetz einzufügen, wonach die Nutzungsrechte, die übertragen werden sollen, nach dem Enumerationsprinzip im Vertrage aufzuführen seien, mußte aufgegeben werden, da dies die Schriftform der Verträge vorausgesetzt hätte. Das Gebot der schriftlichen Verträge hätte einerseits den allgemeinen Grundsatz der Formfreiheit der Verträge ohne Not durchbrochen und wäre dem bisher üblichen Spiel der Verhandlungen zwischen Künstler und den an der Nutzung Interessierten nicht gerecht geworden. Die Vorschrift des § 31 Abs. 5 stellt daher mangels bestimmter Abreden über die einzelnen bestellten Nutzungsarten es auf den mit der Einräumung verfolgten Zweck ab. Die Entscheidung wird also im Zweifelsfall dem jedem Vertrag immanenten Geschäftszweig zu entnehmen sein.

Die Übertragung aller Nuztungsrechte bedarf ebenso wie die Einräumung einfacher Nutzungsrechte durch den ausschließlichen Nutzungsberechtigten (s. oben zu § 35) der Zustimmung des Urhebers, der sie nicht wider Treu und Glauben verweigern darf (§ 34 ABs. 1). Das entspricht den allgemeinen Rechtsgrundsätzen und ist also selbstverständlich. Der im Rechtsausschuß geäußerten Meinung, die Bindung an Treu und Glauben bedeute eine stärkere Beschränkung der Rechtsausübung, die normalerweise ihre Grenze nur an § 226 BGB (Schikane) finde, kann nicht gefolgt werden. Jede Rechtsausübung steht unter dem Grundsatz von Treu und Glauben (vgl. RGZ 146, 385 bis 396; BGHZ 12, 154). Der besondere Hinweis dient also nur der Betonung und Verstärkung.

Ausnahmsweise genügt bei Übertragung von Nutzungsrechten bei einem Sammelwerk (§ 4), wenn zugleich auch die Nutzungsrechte an dem einzelnen in das Sammelwerk aufgenommenen Werk übertragen werden, die Zustimmung des Urhebers des Sammelwerkes. Die Herbeiführung der Zustimmung der einzelnen Mitarbeiter z. B. an einem Lexikon würde eine ungeheure und unnötige Korrespondenz erfordern. Ohne Zustimmung kann die Übertragung erfolgen, wenn sie im Rahmen der Gesamtveräußerung eines Unternehmens oder der Veräußerung von Teilen eines Unternehmens geschieht, wenn z. B. der Verlag in andere Hände übergeht oder ein Privattheater in städtisches Eigentum übernommen wird. Es wird selten Fälle geben, in denen ein Urheber die Zustimmung nicht gegeben haben würde, etwa bei politischen Werken, deren Verlag durch den Besitzwechsel völlig entgegengesetzte politische Ziele verfolgt und zu befürchten ist, daß der Vertrieb der alten Werke vernachlässigt wird. In diesem Falle muß eine Übereinkunft getroffen werden, gegebenenfalls hilft das im § 41 neu eingeführte Rückrufrecht. Außerdem ist die Bestimmung dispositiv. Abweichende Vereinbarungen zwischen dem Inhaber des Urheberrechts und dem Urheber, durch die die Zustimmung im allgemeinen von vornherein erteilt oder versagt wird, sind zulässig (§ 34 Abs. 4). Das bezieht sich natürlich auch auf die Miturheber bei Sammelwerken und auf den Fall der Gesamtveräußerung.

Geschützt wird der Urheber in den Fällen, in denen die Übertragung ohne seine Zustimmung möglich und zulässig ist, durch die

Vorschrift des § 34 Abs. 5; hiernach haftet der Erwerber gesamtschuldnerisch für die Erfüllung der sich aus dem Vertrag mit dem Urheber ergebenden Verpflichtungen des Veräußerers. Ist das Nutzungsrecht nur mit Zustimmung des Urhebers übertragbar, muß dieser selbst für die Sicherung seiner Rechte sorgen [20]).

Neu ist im Gesetz **§ 36** über die Beteiligung des Urhebers, dem bei unzulänglicher Vertragsgestaltung in Ausnahmefällen ein Anspruch auf angemessene Beteiligung an unerwartet hohen Nutzungserträgnissen aus seinem Werk gewährt wird. Die moralische Bedeutung der Vorschrift ist größer als die praktische, weil die Ausnahmebestimmung, eine Art clausula rebus sic stantibus, nur bei Vereinbarung eines Pauschalhonorars zum Zuge kommt, während sich bei der fast allgemein üblichen Zusage eines Beteiligungshonorars das Honorar automatisch mit steigenden Nutzungserträgnissen erhöht und dadurch normalerweise eine Mitbeteiligung an den höheren Einnahmen gewährleistet (vgl. Schriftlicher Bericht des RA zu § 36 = UFITA Bd. 46 [1966] S. 182). Dessen ungeachtet hat die im RegE vorgeschlagene Bestimmung eine ungewöhnlich große Diskussion entfesselt (siehe Sachverständigenvernehmung vor dem UAUrh. Prot. 7/29 bis 43). Die zum Teil sehr scharfen Angriffe der Interessentenvertreter liegen fast ausnahmslos vor der parlamentarischen Behandlung und richteten sich gegen die Fassung des RegE, die durch den nunmehr Gesetz gewordenen Wortlaut der Bestimmung erheblich eingeschränkt wurde. Der wesentliche Einwand, daß sich Spezialbestimmungen erübrigen, weil die vorhandenen Schutzvorschriften (§§ 138, 242, 826 BGB) für den Rechtsschutz der Urheber ausreichen, trifft nicht zu. Unter den wenigen Beispielen, die für diesen Tatbestand aus der Rechtsprechung herangezogen werden können, beweist dies schon der Prozeß um die Operette „Der fidele Bauer", dessen Komponist und Texdichter (Leo Fall) alle Aufführungsrechte für die gesamte Schutzfrist gegen eine geringe Pauschalentschädigung einem Verleger abgetreten hatte. Nach dem Welterfolg des Werkes hat der Rechtsnachfolger des Komponisten ohne Erfolg Klage auf Beteiligung an den Aufführungstantiemen erhoben. Trotz der Unerfahrenheit des bei Abschluß des Vertrages noch unbekannten Komponisten und des objektiv vorhandenen „auffälligen Mißverhältnisses" konnte die Klage weder aus § 138 BGB noch aus § 242 (Wegfall der Geschäftsgrundlage) Erfolg

---

[20]) Zu grundsätzlichen Fragen der Rechtsübertragung im Urheberrecht auch im Hinblick auf die Reform siehe Dietrich Reimer in GRUR 1962, 619 ff.. z. B. wird dann, wenn ein Autor beim gleichen Verlag mehrere Werke hat erscheinen lassen, das Gesamtergebnis seiner Werke und nicht der Erfolg eines einzelnen Buches zu berücksichtigen sein (so mit Recht Abg. *Deringer* BT 187. Sitzung S. 9422 B = UFITA Bd. 46 [1966] S. 212).

haben, da der Verlagsvertrag ein mit Risiken besonders stark belasteter Vertrag ist und der Erfolg eines Werkes auch bekannter Autoren kaum vorausgesetzt werden kann. Daraus folgt aber, daß regelmäßig in dem für die Entscheidung nach § 138 BGB maßgebenden Zeitpunkt des Vertragsabschlusses weder eine Ausbeutungsabsicht noch ein Verstoß gegen die guten Sitten noch eine sichere Geschäftsgrundlage festgestellt werden kann, abgesehen davon, daß Notlage, Leichtsinn oder Unerfahrenheit nicht immer vorliegen. Daher unterscheidet sich auch § 36 von § 138 BGB. Ein Verschulden wird nicht gefordert. Das muß gegenüber dem Antrag des Deutschen Musikverlegerverbandes hervorgehoben werden.

§ 36 stellt auch keine Diskriminierung der Verleger dar, sondern ist ein Sonderfall des § 242 BGB. Die Zahl der bisher im Prozeßweg entschiedenen Fälle ist außerordentlich gering. Ob dies daran liegt, daß der Urheber rein geldlich nicht in der Lage war, einen teueren Rechtsstreit mit ungewissem Ausgang gegen seinen finanziell stärkeren Verleger durchzuführen oder ob, wie *Kleine* bei seiner Vernehmung im UAUrh. (Prot. 7/40) erklärt hat, erfahrungsgemäß der Verleger den Autor freiwillig beteiligt, wenn er das Empfinden hat, daß ein auffälliges Mißverständnis besteht, kann dahingestellt bleiben. Ist letzteres richtig, so ist die neue Bestimmung alles andere als eine Diskriminierung, ihr Inhalt legt vielmehr nur gesetzlich fest, was bisher „dem Rechtsgefühl aller billig und gerecht denkenden" Verleger entsprach. § 36 schränkt den Tatbestand für eine Beteiligung des Urhebers an späteren unerwartet hohen Beträgen in mehrfacher Beziehung ein. Erstens muß die vereinbarte Gegenleistung in einem groben Mißverhältnis zu den Erträgnissen aus der Nutzung des Werkes stehen, zweitens muß die Frage des groben Mißverhältnisses unter Berücksichtigung der gesamten Beziehungen des Urhebers zum Nutzungsberechtigten beantwortet werden, z. B. wird dann, wenn ein Autor beim gleichen Verlag mehrere Werke hat erscheinen lassen, das Gesamtergebnis seiner Werke und nicht der Erfolg eines einzelnen Buches zu berücksichtigen sein (so mit Recht Abg. *Deringer* BT 187. Sitzung S. 9422 B = UFITA Bd. 46 [1966] S. 212). Wenn diese beiden Fragen zu bejahen sind, muß drittens die zu gewährende Beteiligung den Umständen nach angemessen sein. Diese Kautelen verhindern eine untragbare Ausweitung der Ansprüche in der Praxis. Zu bemerken ist, daß unter die Urheber grundsätzlich auch die Übersetzer und andere Bearbeiter fallen, wenn es sich um persönliche geistige Schöpfungen handelt (§ 3). Eine Übersetzung wird meist im Rahmen eines Werkvertrages erstellt und regelmäßig mit einem Pauschalhonorar abgegolten. Da die Aufträge zur Übersetzung in andere Sprachen regelmäßig nur dann erteilt werden, wenn es sich um erfolgreiche Werke handelt, werden die Voraussetzungen des § 36 selten gegeben sein. Als Beispiel ist im UAUrh. der Fall eines Übersetzers erwähnt worden, der ein berühmtes Buch von Ernest Hemingway für 500,— RM übersetzt und später nichts mehr erhalten habe, obwohl das Buch eine Millionenauflage erreichte. In einem solchen Falle wird man nach § 36 nachträgliche Ansprüche nicht anerkennen können, da bei Abschluß des Vertrages mit einer großen Verbreitung des Werkes zu rechnen war und diese Annahme zur Geschäftsgrundlage gehörte. Wenn das Gesetz auch nicht von späteren „unerwartet" großen Erträgnissen spricht, so geht es doch davon aus, daß beide Parteien den eingetretenen Erfolg nicht vorausgesehen haben und haben können. Gewiß ist § 36 in allererster Linie auf das Verhältnis zwischen Schriftsteller bzw. Komponist und Verleger zugeschnitten, aber da die Bearbeiter und Übersetzer auch Urheber im Sinne des Gesetzes sind oder doch sein können, muß die Vorschrift auch auf sie angewandt werden, ohne daß die Kausalität des Erfolges allein auf ihren Arbeiten zu beruhen braucht. Das wird sich in der angemessenen Beteiligung an den Erträgnissen auswirken müssen. Erwähnt seien die Bedenken, die im UAUrh. (Prot. 7/33) über die Schwierigkeiten geäußert worden sind, die sich bei der Fülle von Kollektivwerken, beim Film, Fernsehspiel u. a. m., ergeben könnten.

> „Wie solle", ist gesagt worden, „der Richter aber bei einem unerwartet hohen Einspielergebnis eines Filmes entscheiden, ob dies auf die schöpferische Leistung des Stoffautors, des Drehbuchautors, des Komponisten der Filmmusik oder auf die schauspielerische Leistung, auf den erheblichen Werbeaufwand oder die Ausstattung zurückzuführen sei."

Ich sehe für die Praxis keine rechtlichen Komplikationen. Die Ansprüche der Schauspieler und Sänger, der Austattungs- und Werbefachleute entfallen, da sie nicht Urheber, sondern ausübende Künstler sind oder gar nicht zu dem Bereich der vom Urheberrecht geschützten Personen gehören. Die Ansprüche der Urheber und Miturheber am Filmwerk selbst, also vor allem der Regisseur, der Kameramann und der Schnittmeister sind durch § 90 ausgeschlossen, so daß nur dem Stoff- und Drehbuchautoren sowie den Komponisten die Rechte aus § 36 zustehen, obwohl die Vertreter der Filmwirtschaft sie ebenfalls ausgeschlossen wissen wollten. Hier dürfte eine gerechte Feststellung der Höhe des Anteils am Gewinn und hinsichtlich der Kausalität des Erfolges möglich sein. Der Beteiligungsanspruch verjährt nach 2 Jahren (Abs. 2), ein vorheriger Verzicht auf den Anspruch ist nach Abs. 3 unwirksam. Die Anwartschaft unterliegt nicht der Zwangsvollstreckung; eine Verfügung darüber ist ebenfalls unwirksam.

Die Auslegungsregeln, die **§ 37** für Verträge über die Einräumung von Nutzungsrechten aufstellt, gehören systematisch gesehen zum Urhebervertragsrecht. Der Gesetzgeber hat sie jedoch mit Recht bewußt in das Urheberrechtsgesetz übernommen, teils weil sie bereits in den bisherigen Urheberrechtsgesetzen enthalten waren, teils weil das beabsichtigte neue Urhebervertragsgesetz noch in weiter Ferne liegt. Die beiden ersten Absätze haben ihre Entsprechung im § 14 LitUG. Bei der Gewährung eines Nutzungsrechtes verbleiben dem Urheber im Zweifel das Recht der Einwilligung zur Veröffentlichung oder Verbreitung einer Bearbeitung des Werkes, und zwar aller Bearbeitungsarten (vgl. §§ 3, 23) und das parallel dazu gehörende Verbotsrecht. Wird das Recht zur Vervielfältigung einem anderen erteilt, so behält der Urheber das Recht, das Werk auf Bild- oder Tonträger zu übertragen (vgl. § 16) und das damit verbundene Verbotsrecht. Im 3. Absatz wird bestimmt, daß bei Einräumung des Rechtes zu einer öffentlichen Wiedergabe (§ 15 Abs. 2) das Recht, die Wiedergabe außerhalb der Veranstaltung, für die sie bestimmt ist, durch Bildschirm, Lautsprecher oder ähnliche technische Einrichtungen öffentlich wahrnehmbar zu machen, im Zweifel nicht mit übertragen ist. Die Problematik ist dieselbe wie sie bereits oben zu § 19 Abs. 3 behandelt worden ist. Die Formulierung ist mit Bedacht anders als in den ersten beiden Absätzen und will zum Ausdruck bringen, daß dem Nutzungsberechtigten in diesem Falle das Verbotsrecht zusteht. Für den Leser der Bestimmung ist das nicht ohne weiteres erkenntlich, ist aber gerechtfertigt, da, wie in der Begründung des RegE ausgeführt ist, der Urheber seinerseits kein schutzwürdiges Interesse daran hat, gegen den Willen des Nutzungsberechtigten eine Bildschirm- oder Lautsprecherübertragung zu gestatten oder selbst vorzunehmen.

Die Vorschriften über Beiträge zu Sammlungen (**§ 38**) enthalten einige Änderungen des bisher im § 11 KSchG i. V. m. § 42 Abs. 1 bis 3 VerlG verankerten Rechts. Bei periodisch erscheinenden **Sammlungen** erwirbt nunmehr der Verleger oder Herausgeber im Zweifel nicht nur ein einfaches, sondern ausschließliches Nutzungsrecht zur Vervielfältigung und Verbreitung mit der Maßgabe, daß nach Ablauf eines Jahres seit Erscheinen der Urheber zur anderweitigen Vervielfältigung und Verbreitung berechtigt ist. Die Fristverkürzung ist in Zukunft zu beachten. Sie gilt auch für einen Beitrag zu nicht periodisch erscheinenden Sammlungen, wenn dem Urheber dafür kein Vergütungsrecht zusteht.

Eine wesentliche Änderung bringt im Verhältnis zu dem bisherigen § 42 Abs. 2 VerlG der dritte Absatz, der die **Überlassung eines Beitrages an eine Zeitung** betrifft. Hier werden zwei Fälle unterschieden, ob ein einfaches oder ausschließliches Nutzungsrecht eingeräumt worden ist. Bei dem einfachen Nutzungsrecht ist der Urheber schon vor dem Erscheinen seines Werkes in der Zeitung zu anderweitiger Vervielfältigung und Verbreitung berechtigt; ist ein ausschließliches Nutzungsrecht vereinbart, so hat der Urheber das Recht sogleich nach Erscheinen. Die im Widerspruch zur neuen Regelung stehenden §§ 3 und 42 VerlG sind durch § 141 Ziff. 4 aufgehoben.

§ 39, der die Überschrift **„Änderung des Werkes"** trägt, enthält keine Neuerungen. Die alten Grundsätze der §§ 9 LitUG und 12 KSchG bleiben aufrechterhalten. Wenn nichts anderes vereinbart ist, darf der Inhaber eines Nutzungsrechtes das Werk, dessen Titel oder Urheberbezeichnung nicht ändern. Damit nimmt der Gesetzgeber wie schon bisher keine Stellung zur Frage des Rechtscharakters des Titels, und der Streit, ob der Titel urheberrechtlichen Schutz erhalten kann, ob er die Voraussetzungen einer selbständigen geistigen Schöpfung oder eines Werkteils erfüllt oder ein Schutz nur nach § 16 UnlWG besteht, geht weiter. Der Bundesgerichtshof hat diese Frage bekanntlich immer offengelassen (zuletzt in GRUR 1960, 346 = UFITA Bd. 31 [1960] S. 347 — „Der Nahe Osten rückt näher"). Letzthin hat *Schmieder,* zumal mit Rücksicht auf die Tatsache, daß sehr häufig Autor und Titelerfinder nicht identisch sind, den Vorschlag gemacht, den Titel als ein „Werk zweiter Hand" anzusehen, also wie ein verwandtes Schutzrecht zu behandeln (siehe in GRUR 1965, 468). Damit setzt er seine verdienstvollen Bemühungen um die Einführung eines Instituts der Werkmittlung (siehe Anm. 18) fort und versucht, den Gedanken auf das Recht am Titel zu übertragen. Der Versuch dürfte kaum Erfolg haben. Eine Eingliederung in die verwandten Schutzrechte (§§ 70, 87) ist durch enumerative Anführung der einzelnen Schutzrechte nicht möglich. Eine analoge Anwendung der Vorschrift über Bearbeitung und Sammlung scheitert m. E. an dem Mangel eines Anknüpfungspunktes, da aus der gesetzlichen Behandlung der Bearbeitung — die Sammlung dürfte für einen Ähnlichkeitsschluß völlig ausscheiden — ein allgemeines Prinzip nicht abgeleitet werden kann. Die Entscheidung des Oberlandesgerichts Köln über den Titel „Der Mensch lebt nicht vom Lohn allein" (GRUR 1962, 534), die in diesem Titel eine Bearbeitung des Bibelzitats aus dem Deuteronomium „Der Mensch lebt nicht vom Brot allein" sieht, zeigt den guten Willen, dem Kläger zu helfen, ist aber in der Tat ein Fehlurteil. Die Bearbeitung soll hier in der Bearbeitung des Titels als eines Werkteiles liegen. Der urheberrechtliche Schutz einer Bearbeitung hat jedoch zwei Voraussetzungen: Die Bearbeitung muß sich auf eine literarische, künstlerische oder wissenschaftliche Schöpfung beziehen, und sie muß selbst eine solche persönliche geistige Schöpfung sein. An beiden Voraussetzungen fehlt es auch nach der früheren Rechtslage. Die geänderte Fassung des Zitats ist überdies schon deshalb keine Bearbeitung, weil durch die Auswechslung des Wortes „Brot" mit „Lohn" nicht einmal der Sinn der Sentenz geändert wird. Bearbeitung und Originalwerk sind also identisch (vgl. BGHZ 8, 89 — Magnetofon). Bejaht man aber das Vorliegen einer persönlichen geistigen Schöpfung und die Verletzung des Werkteiles, so ist der Weg über § 2 Abs. 1 Satz 2 LitUG (= § 3) überflüssig und die direkte Anwendung des § 2 gegeben. Die Auffassung des Titels als einem Werk zweiter Hand ist aus gleichen Gründen abzulehnen. Bei solchen Werken wird auch von *Schmieder* eine geistig selbständige Tätigkeit gefordert. Der Unterschied zur persönlichen geistigen Schöpfung im Sinne des § 2 Abs. 2 ist hiernach nicht qualitativ, sondern quantitativ, ein Unterschied, der im Rahmen des Urheberrechtsgesetzes irrelevant ist und also ebenso zu einer direkten Bejahung des urheberrechtlichen Schutzes führt. Das Ergebnis: Es wird auch nach dem neuen Gesetz in den seltensten Fällen ein urheberrechtlicher Schutz des Titels gegeben sein und in der überwiegenden Mehrzahl der Schutz im § 16 UnlWG gesucht werden müssen.

Eine Abweichung von der früheren Rechtslage im § 39 Abs. 2 sei nur kurz erwähnt. Änderungen des Werkes und seines Titels, zu denen der Urheber seine Einwilligung nach Treu und Glauben nicht versagen kann, sind nach wie vor zulässig, jedoch ist im Gegensatz zu § 9 Abs. 2 LitUG und § 12 Abs. 2 KSchG jede Änderung der Urheberbezeichnung verboten. Sie bedarf in jedem Falle der Einwilligung des Urhebers. Das ist darauf zurückzuführen, daß die Urheberbezeichnung zu den Persönlichkeitsrechten des Urhebers gehört, über die er allein verfügen kann. Dementsprechend ist § 13 VerlG durch § 141 Ziff. 4 aufgehoben [21]).

---

[21]) Das neue Gesetz über das Urheberrecht der DDR vom 13. Sept. 1965 (GBl. der DDR I S. 209 ff. = UFITA Bd. 46 (1966) S. 117 ff.), enthält besondere Vorschriften über den Titelschutz. Nach § 3 erstreckt sich das Urheberrecht auf das Werk im ganzen, auf dessen Teile und auf den Titel, sofern er individuellen schöpferischen Charakter hat. Unabhängig davon gelten die folgenden allgemeinen Bestimmungen über den Titelschutz:

§ 84 Abs. 1: Besteht eine Verwechslungsgefahr, so darf der Titel eines Werkes, einer Zeitschrift oder einer Zeitung, der das Werk gegenüber anderen kennzeichnet, oder ein ähnlicher oder gleichlautender Titel darf nur mit

§ 40 ist in der Fassung des RegE in der parlamentarischen Verhandlung ohne Diskussion angenommen worden. Er enthält zwar wichtige Vorschriften zugunsten der Urheber bei **Verträgen über künftige Werke,** sie sind aber rechtlich unproblematisch. Der geschäftlich unbewanderte Autor soll vor unüberlegten und übereilten Bindungen, die er für die Zukunft hinsichtlich seiner Werke eingeht, ohne diese näher oder nur der Gattung nach zu bestimmen, durch das Gebot der Schriftform solcher Verträge bewahrt werden. Außerdem ist ein Kündigungsrecht nach Ablauf von 5 Jahren vorgesehen, auf das im voraus nicht verzichtet werden kann. Sind bei der Beendigung des Vertrages, durch den Nutzungsrechte an künftigen Werken eingeräumt worden sind, Werke noch nicht abgeliefert, so erlischt insoweit die Verfügung (Abs. 3). Der Gedanke des § 40 entspricht der bisherigen Rechtsauffassung (vgl. BGHZ 22, 347 = GRUR 1957, 387 = UFITA Bd. 23 [1957] S. 332 — Clemens Laar).

Ein **Rückrufsrecht** billigt das Gesetz dem Urheber in zwei Fällen zu: **wegen Nichtausübung § 41** und **wegen gewandelter Überzeugung § 42.** Das erstere Rückrufsrecht ist gegründet durch eine nicht oder nicht genügende Auswertung des ausschließlichen Nutzungsrechtes, das zweite soll die Nutzung gerade verhindern. Der Börsenverein des Deutschen Buchhandels und die Verlegerverbände haben in ihrer Stellungnahme die Bestimmung über das Rückrufsrecht wegen Nichtausübung für entbehrlich gehalten, da die geltenden Vorschriften der §§ 32, 30 und 17 VerlG zusammen mit §§ 323 bis 326 BGB ausreichten. Mindestens für das Gebiet des Verlagsrechtes ist dem beizustimmen, und außerhalb desselben wird die Frage kaum praktisch werden. Mir scheint auch der gesetzgeberische Aufwand in keinem Verhältnis zur praktischen Bedeutung zu stehen. Gleichviel ist der im § 41 zutage tretende Rechtsgrundsatz — ob alt oder neu — zu begrüßen. Der Fall der Nichtausübung des Nutzungsrechtes wird selten sein, häufiger sind Verletzungen der urheberrechtlichen In-

---

Zustimmung des Urhebers oder des Herausgebers für ein anderes Werk verwendet werden.

Abs. 2: Gattungsbegriffe, historische oder technische Begriffe, Personennamen oder geografische Bezeichnungen haben allein keine Kennzeichnungs- und Unterscheidungskraft im Sinne des Abs, 1, es sei denn, daß sie sich im Verkehr als Titel einer bestimmten Zeitschrift oder Zeitung allgemein durchgesetzt haben.

Abs. 3: Der Tielschutz wird unabhängig davon gewährt, ob der Titel gemäß § 3 urheberrechtlich geschützt ist.

§ 85: Der Schutz des Titels besteht so lange, wie die Schutzfrist für das Werk läuft.

Der Rechtsschutz für die Titelschutzrechte ist nach § 92 derselbe wie bei allen Verletzungen des Urheberrechts. Damit ist warenzeichenrechtliche Terminologie in das Urheberrecht übertragen und der Zusammenhang des Titelrechts mit dem Wettbewerb ausgesprochen.

teressen durch unzureichende Nutzung und durch Vernachlässigung des Vertriebs, mangelnde Werbung durch Inserate und zu sparsame Versendung von Besprechungsexemplaren usw. Hier wird auch die verklausulierte Formulierung dem Urheber die Rechtsverfolgung nicht erleichtern; es handelt sich letztlich um eine Interessenabwägung. Das Rückrufsrecht entsteht nur dann, wenn berechtigte Interessen des Urhebers erheblich verletzt werden, und entfällt wiederum, wenn die Nichtausübung oder die unzureichende Ausübung des Nutzungsrechts überwiegend auf Umständen beruht, deren Behebung dem Urheber zuzumuten ist. Hinzu kommen die Bestimmungen über Fristen, vor deren Ablauf das Rückrufsrecht nicht geltend gemacht werden kann und die nach der Art des Erscheinens (bei Büchern, Zeitungen und Zeitschriften) entsprechend abgestuft sind (Abs. 2) und über Nachfristsetzungen (Abs. 3). Eine besondere Beschränkung des Rückrufsrechts liegt in der Verpflichtung zur Entschädigung des davon Betroffenen, wenn und soweit es der Billigkeit entspricht (Abs. 6). Die oben angegebenen verlags- und bürgerlichrechtlichen Vorschriften bleiben unberührt (Abs. 7). Die erschwerten Bedingungen sind deshalb begründet, weil es um die Regelung von Ausnahmefällen geht.

Das gleiche gilt für das Rückrufsrecht wegen gewandelter Überzeugung, das einen Rechtsgedanken verwirklicht, der in anderer Form und enger schon im § 35 VerlG zum Ausdruck kommt. Das Rückrufsrecht setzt voraus, daß das Werk der Überzeugung des Urhebers nicht mehr entspricht, so daß ihm deshalb die Verbreitung nicht mehr zugemutet werden kann, und daß der Urheber den Inhaber des Nutzungsrechtes mindestens mit einem die Aufwendungen deckenden Betrag entschädigt. Die Entschädigung gehört mit zur Voraussetzung des Rückrufs, da dieser erst wirksam wird, wenn der Urheber die Aufwendungen ersetzt oder Sicherungen dafür geleistet hat. Demgegenüber steht die Pflicht des Inhabers des Nutzungsrechtes, die Höhe der Aufwendungen binnen drei Monaten nach Erklärung des Rückrufs mitzuteilen, da sonst der Rückruf mit Ablauf dieser Frist wirksam wird.

Die Neuerung erweitert den bisherigen Tatbestand, da der Rückruf nicht mehr nur bis zum Beginn der Vervielfältigung, sondern jederzeit möglich ist und sich auf alle Urheber bezieht und nicht beschränkt ist auf die „Verfasser“, deren Rechte und Pflichten allein das Verlagsgesetz (§ 13) regelt, schränkt ihn aber andererseits ein, da der Rückruf lediglich an die Wandlungen der Überzeugung gebunden ist und nicht schon dann erklärt werden kann, wenn sich aus irgendwelchen anderen Gründen die Geschäftsgrundlage erheblich geändert hat.

Die Anwendung des § 35 VerlG und etwaiger anderer bürgerlichrechtlicher Vorschriften bleibt nach Abs. 6 i. V. m. § 41 Abs. 7 — siehe oben — unberührt. Eine Sonderregelung besteht bei Sammlungen für Schul- und Unterrichtsgebrauch (§ 46 Abs. 4). Ungeachtet dieser Möglichkeit sind dem Rückruf enge Grenzen gesetzt. Erwähnt sei, daß die kommunalen Spitzenverbände eine Ausnahme für die Museen verlangt haben; diese sollten ein Werk ausstellen dürfen, auch wenn es nicht mehr der Überzeugung des Urhebers entspräche. Dieser Anregung ist man nicht gefolgt, da das Ausstellungsrecht in Museen für Originale, das im § 18 geregelt ist, keiner Ausnahme bedurfte, da es mit den in § 42 gemeinten Nutzungsrechten nichts zu tun hat (siehe UAUrh. Prot. 3/6).

In der Begründung zum RegE zu § 42 wird ausgeführt, daß man beispielsweise einem Urheber, dessen Werk durch neuere Erkenntnisse der Wissenschaft gänzlich überholt sei, nicht zumuten könne, daß er die weitere Verbreitung dieses Werkes zulasse. Bei den parlamentarischen Verhandlungen und auch im schriftlichen Bericht des Rechtsausschusses (zu § 42) ist aber zum Ausdruck gebracht worden, daß der Urheber Exemplare seines Werkes in der von ihm nicht mehr gebilligten Fassung nicht zurückziehen kann, soweit sie sich im Verkehr befinden, und er kann auch nicht verbieten, daß über seine frühere Auffassung berichtet oder aus seinem Werke zitiert wird. § 42 schafft nur das Recht des Urhebers, die Verbreitung des Werkes in der ursprünglichen Fassung zu verhindern. Eine weitere Einschränkung kommt noch hinzu: Es ist nicht der Zweck und der Sinn der Vorschrift und steht auch nicht im Widerspruch zum Persönlichkeits- oder Urheberpersönlichkeitsrecht des Urhebers, Werke historischen, kulturellen und wissenschaftlichen Inhalts, Werke der bildenden Kunst, die in einem früheren künstlerischen Entwicklungsstadium entstanden sind, schlechthin dem Rückrufsrecht zu unterwerfen. Eine solche Auslegung würde schon mit Rücksicht auf das bestehengebliebene Zitatrecht ins Leere stoßen. Bei überholten wissenschaftlichen Erkenntnissen, deren Weiterverbreitung unter Umständen nicht verantwortet werden kann, mag in seltenen Fällen der Rückruf gerechtfertigt sein. Im übrigen braucht sich kein Künstler und kein Wissenschaftler früherer Äußerungen und Auffassungen zu schämen. Gustav *Radbruch* hat in seiner Rechtsphilosophie (3. Aufl. 1932) den Rechtspositivismus verteidigt, ihn geradezu aufs Schild erhoben und der Rechtssicherheit durch Gesetzestreue gegenüber der Gerechtigkeit den Vorrang gegeben [22].

---

[22]) Vgl. des näheren Welzel in „Naturrecht und Rechtspositivismus“. Wissenschaftliche Buchgemeinschaft, 1962, S. 322 ff.

Es heißt dort:

„Für den Richter ist es Berufspflicht, den Geltungswillen des Gesetzes zur Geltung zu bringen, das eigene Rechtsgefühl dem autoritativen Rechtsbefehl zu opfern, nur zu fragen, was Rechtens ist, und niemals, ob es auch gerecht sei.“

Nach den 12jährigen Erfahrungen der nationalsozialistischen Zeit vertrat *Radbruch* kraß das Gegenteil: Es müsse ein höheres Recht geben als das Gesetz, ein Naturrecht, ein Gottesrecht, ein Vernunftsrecht, an dem gemessen Unrecht Unrecht bleibt, auch wenn es in die Form eines Gesetzes gegossen ist, vor dem das auf Grund eines solchen ungerechten Gesetzes gesprochene Urteil nicht Recht sondern Unrecht ist (Wandlung II/12). Sicherlich würde *Radbruch* es abgelehnt haben, seine frühere, wegen gewandelter Überzeugung als Irrtum erkannte Lehrmeinung zurückzurufen.

In der bildenden Kunst kann es nicht anders sein. Es genügt, auf einen so wandlungsreichen, geradezu als Chamäleonnatur bezeichneten Künstler wie Pablo Picasso hinzuweisen, dessen Entwicklung vom Impressionismus über den Kubismus zu einem „Optimismus einer idyllischen, farbig gedämpften Anmut“ gelaufen ist[23]). Hier gehören die Werke aus den verschiedenen Epochen zur Erkenntnis des Künstlers und sogar darüber hinaus der gesamten Malerei seiner Zeit. Das verbietet jeden Rückruf. Die beste Interpretation des § 42 hat, so will mir scheinen, ein Nichtjurist, *Bertolt Brecht,* gegeben. In der Einleitung des ersten Buches der Ausgabe seiner Stücke (1953 bei Suhrkamp) heißt es unter der Überschrift „Bei Durchsicht meiner ersten Stücke“:

„Bei der **Lektüre der Akte 3, 4 und 5 von ‚Trommeln in der** Nacht‘ befiel mich eine solche Unzufriedenheit, daß ich erwog, dieses Stück zu unterdrücken. Nur die Überlegung, daß die Literatur der Geschichte angehört und diese nicht gefälscht werden darf, sowie das Gefühl, daß meine jetzige Ansichten und Fähigkeiten weniger wert wären ohne die Kenntnis meiner früheren — vorausgesetzt, da hat eine Besserung stattgefunden —, hinderten mich, den kleinen Scheiterhaufen zu errichten. Auch ist Unterdrückung nicht genug, Falsches muß korrigiert werden... Das Heute geht gespeist durch das Gestern in das Morgen.“

Eine unterschiedliche Behandlung der Freischaffenden und derjenigen Urheber, die im Auftrag und auf Bestellung oder im **Rahmen eines Arbeits- oder Dienstvertrages** tätig sind, besteht grundsätzlich oder

---

[23]) Vgl. hierzu P.-F. Schmidt, Geschichte der modernen Malerei, W. Kohlhammer-Verlag, S. 140 ff.

besser theoretisch nicht. Nach **§ 43** sind die Vorschriften des 5. Abschnittes (über Rechtsnachfolge und Nutzungsrecht §§ 28 ff.) auch anzuwenden, wenn der Urheber mit der Schöpfung nur seine Verpflichtungen aus einem Arbeits- oder Dienstverhältnis erfüllt hat. Aber der zweite Halbsatz „soweit sich aus dem Inhalt oder dem Wesen des Arbeits- oder Dienstverhältnisses nichts anderes ergibt" kann die Rechtslage ins Gegenteil umkehren; nicht nur bei öffentlich-rechtlichen Dienstverhältnissen können die urheberrechtlichen einschließlich der urheberpersönlichkeitsrechtlichen Befugnisse auf ein Minimum beschränkt werden. Die aus dem Beamtenverhältnis sich ergebende Pflicht, zu dulden, daß das Werk gekürzt, ergänzt oder sonst geändert oder ohne Angabe des Namens veröffentlicht wird — ein Beispiel, das in der Begründung des RegE zu § 43 angeführt wird —, kann bei Zeitungs- und Zeitschriftenverlagen, bei Werkszeitungen usw. durch den Dienstvertrag ebenso begründet werden wie die Ausschaltung gewisser in anderen Fällen sogar unabdingbarer Schutzvorschriften vereinbart werden kann.

Da weitergehende Wünsche, die aus Industriekreisen geäußert worden sind, die Beschränkungen nicht nur bei Urhebern in Arbeits- und Dienstverhältnissen zuzulassen, sondern auch auf diejenigen zu erweitern, die Werke auf Grund eines ständigen Auftrags (Werkvertrag) geschaffen haben, sind im Rechtsausschuß ausdrücklich abgelehnt worden (RA 130 Sitzung S. 140). Dieser Umstand wird bei der künftigen Auslegung zu beachten sein.

Der Gedanke des § 10 Abs. 4 KSchG, daß die **Übertragung des Eigentums** an einem Werke der bildenden Kunst nicht die Übertragung **des Urheberrechts** in sich schließe, ist im **§ 44** zum allgemeinen Rechtsgrundsatz erhoben worden und bezieht sich auf die Originale, also auf einzelne Werkstücke aller Arten. Über den Begriff „Original" siehe die Ausführung oben zu §§ 17 und 18. Das steht in Übereinstimmung mit der oben bei der Besprechung des § 31 schon erwähnten Zweckübertragungstheorie. In dem bekannten Cosima-Wagner-Urteil (BGHZ 15, 250 = GRUR 1955, 201 = UFITA Bd. 19 [1955] S. 353) heißt es:

> „Es entspricht der ständigen Rechtsprechung des Reichsgerichts, der sich der BGH angeschlossen hat, daß bei Verfügungen über urheberrechtlich geschützte Werke der Umfang der Rechtsübertragung im Zweifel durch den Zweck bestimmt wird, dem die Rechtsübertragung dienen soll (RG 123, 317)".

In der Entscheidung des BGHZ 24, 55 = GRUR 1957, 391 = UFITA Bd. 24 [1957] S. 226 — Ledigenheim — ist ausgesprochen, daß mit dem Erwerb des Vorentwurfs eines Architekten nicht gleichzeitig das Nachbaurecht übergegangen ist. Anderweite Abreden sind möglich. Die Sondervorschrift des 2. Absatzes bezieht sich auf das Recht des Eigentümers eines Originalwerkes der bildenden Künste oder der Fotografie, das Werk, und zwar auch das bisher noch nicht veröffentlichte, öffentlich auszustellen. Hier ist nicht Neuland betreten, aber der bisher befolgte Grundsatz war nicht gesetzlich festgelegt. Der umgekehrte Fall des § 22 KSchG, der die Ausstellung eines Porträts nur mit Einwilligung des Abgebildeten zuließ, ist nicht wieder in das Urheberrechtsgesetz aufgenommen worden. Er beruht auf dem Recht am eigenen Bild, das kein Urheber-, sondern ein reines Persönlichkeitsrecht ist. Um keine Lücke entstehen zu lassen, sind die Vorschriften des KSchG, soweit sie den Schutz von Bildnissen betreffen, aufrechterhalten worden (§ 141 Ziff. 5).

Sechster Abschnitt

Schranken des Urheberrechts

(§§ 45 bis 63)

Die meisten Änderungen und gleichzeitig Verbesserungen des LUG enthält der Sechste Abschnitt über die Schranken des Urheberrechts, die weitgehend abgebaut sind. In diesem Abschnitt wird das in der Öffentlichkeit geradezu leidenschaftlich diskutierte Problem über die Vervielfältigung zum persönlichen Gebrauch, das Überspielen auf Tonband, geregelt. Die Vorschriften über die Herstellung von Tonträgern sind neu gefaßt und die Vertonungsfreiheit (§ 20 LitUG) ist gestrichen, um nur einige wenige Reformen zu erwähnen. In der Begründung zum Sechsten Abschnitt des RegE wird einleitend bemerkt, daß aus Kreisen der Urheber die Abgrenzung des Urheberrechts gegenüber den Interessen der Allgemeinheit kritisiert und gefordert worden sei, das Urheberrecht als sog. geistiges Eigentum dem Sacheigentum gleichzustellen und dem Urheber eine unbeschränkte Herrschaft über sein Werk zu gewähren. Diese völlig abwegige Meinung ist eine Folge des Begriffs „geistiges Eigentum", der schon oben abgelehnt worden ist (siehe Einleitung); sie ist aber auch um deswillen falsch, weil das Sacheigentum heute auch keine unbeschränkte und willkürliche Herrschaft gibt.

Im Interesse der **Rechtspflege** wird im **§ 45 Abs. 1** die Herstellung einzelner Vervielfältigungsstücke zur Verwendung in einem gerichtlichen, schiedsgerichtlichen oder behördlichen Verfahren ohne Einwilligung des Urhebers erlaubt. Der Börsenverein des Deutschen Buchhandels und die Verlegerverbände haben in ihrer Stellungnahme dieser Vorschrift „mit aller Entschiedenheit" widersprochen.

Ist hier nicht — allerdings vergeblich — mit Kanonen auf Spatzen geschossen worden? Bei § 45 Abs. 1 hat der Gesetzgeber vor allem das Patenterteilungsverfahren im Auge gehabt, in dessen Verlauf sehr oft, wie die Begründung sagt, in großem Maße einzelne Stellen aus wissenschaftlichen Werken und Aufsätzen herangezogen werden müssen, um z. B. die Frage der Neuheit einer Erfindung zu klären. Das ist in den letzten Jahrzehnten unbeanstandet geschehen. Eine Einschränkung dahin, daß die Vervielfältigung angemessen vergütet werden müsse oder nur auf Anregung des Gerichts oder der Behörde und nur für veröffentlichte Werke zuzulassen sei, ist vom Rechtsausschuß abgelehnt worden, weil es sich nur um Vervielfältigungen für Beweiszwecke handele und die Kosten der Erfassung der Vervielfältigungen wahrscheinlich höher als die Vergütung liegen würden. Die Bestimmung dient der Wahrheitsfindung im Gerichtsverfahren. Die Vervielfältigung wird sich nach der Natur der Sache und auch schon der Kosten wegen auf den nötigsten und geringsten Umfang beschränken. Sie ist eigentlich nichts anders als das im § 51 im Grundsatz unangefochten gebliebene Zitatrecht. Abs. 2 erweitert für Gerichte und Behörden das Recht auf die Vervielfältigung von Bildnissen zum Zwecke der Rechtspflege und zur Sicherung der öffentlichen Sicherheit und Abs. 3 allgemein auf die Verbreitung und öffentliche Wiedergabe der Werke unter den gleichen Voraussetzungen der Absätze 1 und 2. Letzteres bezieht sich auf die Wiedergabe bei gerichtlichen Verhandlungen, die öffentlich sind.

Die Ausnahmestellung, die den **Sammlungen für den Kirchen-, Schul- oder Unterrichtsgebrauch** im § 19 Ziff. 4 LitUG und § 19 Abs. 1 KSchG eingeräumt war, ist im wesentlichen im **§ 46** erhalten geblieben. Bedeutsam ist, daß das Gesetz im Abs. 3 eine Benachrichtigungs- aber keine Genehmigungspflicht statuiert. Ebenso bedeutsam ist, daß die ursprünglich vorgesehene Vergütung des Urhebers auf dem Altar des Vermittlungsausschusses geopfert worden ist. Die Vorschrift erstreckt sich auf Teile von erschienenen Werken, Sprachwerke oder Werke der Musik von geringem Umfang, einzelne Werke der bildenden Künste oder einzelne Lichtbildwerke. Damit sind die einzelnen Werkarten gleichgestellt. Die Zweckbestimmung, nämlich der Kirchen-, Schul- oder Unterrichtsgebrauch, ist auf der Titelseite oder an einer entsprechenden Stelle der Sammlung deutlich anzugeben. Einer Definition der Sammlung bedurfte es nicht, aber der schon im früheren Recht etwas unklare Ausdruck des Unterrichtsgebrauchs im Gegensatz zum Schulgebrauch ist nicht eindeutig. In den Kommentaren sind die Meinungen geteilt. *Ulmer* (UVR S. 242) weist in Übereinstimmung mit Allfeld darauf hin, daß „Unterricht im Rechtssinn auch der Privatunterricht sei, dagegen der Selbstunterricht ausscheide". Dem stimmen zwar *Voigtländer - Elster - Kleine* (§ 19 Anm. 3c) zu, bemerken aber, daß unter Unterrichtsgebrauch auch der Gebrauch für Universitäten und Hochschulen sowie für jede sonstige Art der Unterrichtserteilung zu verstehen sei.

Nun ergibt sich zweifellos aus den Materialien, daß der Gesetzgeber eine Ausweitung des Begriffs „Unterrichtsgebrauch" auf Sammlungen, die für Jugendpflege oder Erwachsenenbildung bestimmt sind, nicht gewollt hat (vgl. Begründung des RegE zu § 46). Die Frage ist im UAUrh. (Prot. 3 bis 7) und bei Vernehmung der Sachverständigen (Prot. 7/65 f.) eingehend untersucht worden. Der Vertreter der Arbeitsgemeinschaft deutscher Jugendpflege und Jugendfürsorge hat sogar den Antrag gestellt, die Formulierung zu wählen „... Sammlungen, die bestimmt sind ... für den Gebrauch im Schulunterricht oder in Bildungsveranstaltungen der öffentlichen oder freien Jugendhilfe ...". Er ist aber unberücksichtigt geblieben (siehe RA Prot. 12/44). Ein Vertreter der Volkshochschule ist nicht gehört worden. Die Sammlungen, die bisher in meist mehr oder weniger primitiver Form in der Jugendbildungsarbeit zusammengestellt worden sind, lassen sich nicht unter den Begriff des Unterrichts subsumieren. Anders steht es mit dem Selbstunterricht und dem Unterricht an den Volkshochschulen und ähnlichen Institutionen für die Erwachsenenbildung. Die getrennte Aufzählung von „Schul- oder Unterrichtsgebrauch" wäre sinnlos, wenn der außerschulische Unterricht ausgeschlossen werden sollte. Schulbücher eignen sich zwar oft, aber nicht immer für die außerschulischen Bildunszwecke. Werden solche in Sammlungen nach wissenschaftlich-pädagogischen Richtlinien für den Unterricht verfolgt, so fallen sie unter den § 46. Abs. 2 sieht die entsprechende Anwendung für Werke der Musik vor und beschränkt sie eindeutig auf den Musikunterricht in Schulen mit Ausnahme der Musikschulen. (Über Besonderheiten des Änderungsverbots siehe unten zu § 62).

Freigestellt ist, der technischen Entwicklung folgend, für Schulen, Erziehungsheime der Jugendfürsorge sowie Einrichtungen der Lehrerbildung und Fortbildung die Herstellung einzelner Vervielfältigungsstücke von Werken, die innerhalb einer **Schulsendung** gesendet werden, durch Übertragung der Werke auf Bild- oder Tonträger, die jedoch nur für den Unterricht verwendet werden dürfen (**§ 47**). Wenn sie nicht spätestens am Ende des laufenden Schuljahres gelöscht werden, ist dem Urheber eine angemessene Vergütung zu zahlen. Die Bestimmung findet ihre Rechtfertigung in der Tatsache, daß die Schulen ihren Stundenplan nicht nach dem Rundfunk- oder Fernsehprogramm richten können, jedoch das Bedürfnis besteht, die Sendung im Unterricht zu verwenden.

Die gewissermaßen klassischen Beschränkungen für die Vervielfältigung und Verbreitung öffentlicher Reden und Zeitungsartikel (§§ 17, 18 LitUG), für die Wiedergabe von Werken anläßlich der Bild- und Tonberichterstattung (Gesetz zur Erleichterung der Filmberichterstattung vom 30. April 1936), bei Groß- und Kleinzitaten (§§ 19 Ziff. 1 und 2, 21 LitUG) und bei gewissen öffentlichen Wiedergaben ohne Erwerbszweck (§ 27 LitUG) sind unter weiteren Begrenzungen in den §§ 48 bis 52 neu gefaßt.

Öffentliche Reden können nach **§ 48** ohne Vergütung und ohne Zustimmung des Urhebers vervielfältigt, verbreitet und öffentlich wiedergegeben werden, wenn sie

a) bei öffentlichen Versammlungen oder im Rundfunk gehalten worden sind,

b) Tagesfragen betreffen,

c) die Vervielfältigung und Verbreitung in Zeitungen sowie in Zeitschriften oder anderen Informationsblättern erfolgt, die im wesentlichen den Tagesinteressen Rechnung tragen. Zu bemerken ist, daß sich diese Einschränkung nicht nur auf die Informationsblätter, sondern — bei Zeitungen ist dies selbstverständlich — auch auf Zeitschriften bezieht.

Das Hauptgewicht liegt also auf der Aktualität und auf dem ephemeren Inhalt der Reden und der sie aufnehmenden Zeitungsorgane.

Die gleiche Freigabe betrifft ferner Reden, die bei öffentlichen Verhandlungen vor staatlichen, kommunalen und kirchlichen Organen gehalten worden sind (Ziff. 2). Der Unterschied zwischen öffentlichen Versammlungen und Verhandlungen ist mit Bedacht gemacht worden, um auch solche Veranstaltungen einzubeziehen, in denen keine Verhandlung, also keine Diskussion stattfindet. Dessen ungeachtet ist die Zulässigkeit der Vervielfältigung und Verbreitung auch dann zu bejahen, wenn nach der Rede, sei es wegen Vertagung oder mangels Wortmeldung, keine Aussprache stattgefunden hat, sie aber vorgesehen war.

Geändert ist im Vergleich zur früheren Formulierung, daß die in Ziff. 2 erwähnten Reden in öffentlichen Verhandlungen gehalten worden sein müssen. Das entsprach trotz des Wortlautes des § 17 Ziff 2 LitUG schon früher der allgemeinen Auffassung. Unzulässig ist nach Abs. 2 die Vervielfältigung und Verbreitung dieser Reden in Form einer Sammlung, die überwiegend Reden desselben Urhebers enthält (so auch früher § 17 Abs. 2 LitUG in etwas erweiterter Formulierung).

Um den Wünschen der Zeitungsverleger und Journalistenverbände sowie dem UA „Urheberrechtsfragen" des Ausschusses für Kulturpolitik und Publizistik gerecht zu werden, hat der die Überschrift **„Zeitungsartikel und Rundfunkkommentare"** tragende **§ 49** eine recht verklausulierte Gestalt erhalten. Das Grundprinzip ist die Gleichstellung von Presse und Rundfunk, die Beschränkung der Verbreitung, Vervielfältigung und öffentlichen Wiedergabe auf Kommentare und Artikel aus Zeitungen und anderen den Tagesinteressen dienenden Informationsblättern und dem Inhalt nach auf politische, wirtschaftliche oder religiöse Tagesfragen, soweit sie nicht mit einem Vorbehalt der Rechte versehen sind. Neu ist die Pflicht zur Zahlung einer angemessenen Vergütung. Allerdings mit dem wichtigen Zusatz „es sei denn". Das Gesetz geht damit über Art. 9 RBÜ (Brüssel) hinaus. Es gibt eine Ausnahme für die Zahlungspflicht in dem oben angegebenen Rahmen, wenn es sich um eine Vervielfältigung, Verbreitung oder öffentliche Wiedergabe kurzer Auszüge aus mehreren Kommentaren oder Artikeln in Form einer Übersicht handelt. Damit sind die sog. Pressestimmen gemeint. Das Gesetz geht hier allerdings sehr weit. Richtig ist es, die Übernahme ganzer Artikel oder Kommentare zu unterbinden, jedoch wird hierbei eine dreifache Sicherung eingebaut: Die Möglichkeit eines Vorbehalts, die Erlaubnis nur kurzer Auszüge, und auch das nur in Form einer Übersicht aus mehreren Kommentaren und Artikeln. Die Praxis wird sich annehmbar in vernünftigen Grenzen halten.

§ 49 Abs. 2 übernimmt die Bestimmung des § 18 Abs. 3 LitUG über die allgemeine Zulässigkeit der Übernahme vermischter Nachrichten tatsächlichen Inhalts und von Tagesneuigkeiten. Offenbarem Mißbrauch durch ständige Übernahme fremder vermischter Nachrichten und Tagesneuigkeiten kann gegebenenfalls durch das UnlWG begegnet werden.

§ 50 nimmt die Bestimmung des Gesetzes zur Erleichterung der Filmberichterstattung vom 30. April 1936 auf, das durch § 141 Ziff. 7 außer Kraft gesetzt wird. Der Wortlaut ist präziser geworden, die Reminiszenzen an die Reichsfilmkammer sind gestrichen. Wie bisher dürfen geschütze Werke, die im Verlauf der **Bild- und Tonberichterstattung über Tagesereignisse** mitproduziert werden, in einem durch den Zweck gebotenen Umfang vervielfältigt, verbreitet und öffentlich wiedergegeben werden. Die Kürze der Zeit, in der die Berichterstattung abrollt, verbietet in der Praxis von selbst die Wiedergabe ganzer Werke. Theoretisch ist sie möglich und zulässig, wenn sie im Rahmen einer längeren Darbietung erfolgt und in angemessenem Verhältnis dazu steht.

Es braucht sich also nicht nur um ein „kleines Gedicht" oder „ein kurzes Lied" zu handeln — um die Beispiele aus der Begründung des RegE zu zitieren —, sondern kann gegebenenfalls eine Ouvertüre oder ein Satz aus einer Symphonie oder einem Streichquartett sein, der am Anfang oder Ende eines gesendeten Vorgangs dargeboten wird.

Kupke bedauert in seiner Stellungnahme zu § 50 („Fragen der aktuellen Berichterstattung nach Film und Fernsehen" in Film und Recht Nr. 5/1965 S. 83 ff.), daß im Rahmen dieser Bestimmung die Fälle keine Berücksichtigung gefunden haben, in denen urheberrechtlich geschützte Werke im ganzen oder wesentliche Teile daraus im Mittelpunkt der Berichterstattung stehen, schon wegen der aus der Eigentumsgarantie des Art. 14 GG herrührenden verfassungsrechtlichen Bedenken. Ich halte diese Bedenken für unbegründet. Mittelpunkt der Berichterstattung müssen Tagesereignisse sein. Veranstaltungen, in denen etwa ein epochemachendes literarisches Werk besprochen oder diskutiert wird, gehören nicht zu den im § 50 genannten aktuellen Neuigkeiten, die den Hauptinhalt der Berichterstattung bilden müssen. Die vergütungsfreie Wiedergabe geschützter Werke ist nach dem Gesetz doppelt eingeengt: Sie müssen „im Verlauf der Vorgänge", über die berichtet wird, also gewissermaßen nur nebenbei, am Rande wiedergegeben werden, und „der Umfang" richtet sich nach dem Zweck der Berichterstattung. Daß kein Widerspruch zu Art. 10 bis der RBÜ (Brüssel) vorliegt, ist in der Begründung des RegE überzeugend dargetan und braucht deshalb hier nicht wiederholt werden.

Das sog. **„große Zitat"** zu wissenschaftlichen und das **„kleine Zitat"** zu literarischen Zwecken sowie das **„Musikzitat"** werden im **§ 51** aus dem früheren Gesetz in veränderter Fassung übernommen. An der Spitze steht der im neuen Gesetz sich häufig wiederholende Hinweis, daß die Zitierung nur in einem durch den Zweck dargebotenen Umfang zulässig sei, und mit dieser Einschränkung werden die verschiedenartigen Zitate abgestuft:

1. In einem selbständigen wissenschaftlichen Werk können einzelne Werke nach dem Erscheinen zur Erläuterung des Inhalts aufgenommen werden,

2. in einem selbständigen Sprachwerk ist es nur erlaubt, Stellen eines Werkes nach der Veröffentlichung anzuführen und

3. in einem selbständigen Werk der Musik lediglich einzelne Stellen eines erschienen Musikwerkes wiederzugeben.

Bei dieser abgewogenen Formulierung ist entgegen der Meinung der interessierten Verbände mit einem Mißbrauch nicht zu rechnen, auch nicht bei den wissenschaftlichen Werken, in denen einzelne, also ganze Werke, aufgenommen werden können (so schon zu § 19 Abs. 2 LitUG bez. vollständiger Novellen RGZ 80, 78). Hier dürfte der Obersatz, der über der Regelung steht, daß das Zitat nur in einem durch den Zweck gebotenen Umfang zulässig ist, eine genügende Schranke bilden. Die Bedenken des Börsenvereins des Deutschen Buchhandels hinsichtlich der Werke der bildenden Künste, die von Museen erworben, aber nicht ausgestellt, sondern in einem Magazin verwahrt werden, sind durchaus zutreffend; dem Wortlaut nach fallen sie nicht unter Ziff. 1. Die Ausschüsse sind darüber hinweggegangen. Dessen ungeachtet dürften Schwierigkeiten nicht entstehen. (siehe oben zu § 6, am Ende). Das gleiche gilt für den dritten Fall des Musikzitats. Ich glaube nicht daran, daß sich hier Abgrenzungsschwierigkeiten eröffnen, die eine Quelle für Prozesse bilden können. Gewiß sind Literatur, Malerei und Musik verschiedene Künste, aber in der eingeschränkten Form können weder den Komponisten noch den Verlegern Schäden entstehen. Daß im Falle des Musikzitats eine ausreichende Quellenangabe nach § 63 nicht möglich ist, bleibt allerdings ein Schönheitsfehler, denn selbst bei der Angabe der Quelle in der Partitur oder dem sonstigen Musikdruckwerk ist sie für den Hörer nicht wahrnehmbar. Man hat auch nach der früheren Rechtslage das Musikzitat als zulässig angesehen, ohne daß bisher z. B. bei satirischen oder kabarettistischen Darbietungen, an die man besonders gedacht hat (s. Schriftlicher Bericht des RA BT-Drucksache zu V/3401 zu § 51 S. 7 = UFITA Bd. 46 [1966] S. 185), irgendwelche Klagen laut geworden wären. Zu erwähnen ist in diesem Zusammenhang, daß die im RegE vorgeschlagene sog. Variationsfreiheit gestrichen worden ist. Die Bearbeitung und Anführung eines Themas aus einem geschützten Werk der Musik in einem selbstständigen Variationswerk ist ohne die Einwilligung des Urhebers des Themas nicht erlaubt. Damit sind die Wünsche der Textdichter insoweit und mit Recht erfüllt worden, ebenso wie mit der Streichung der Vertonungsfreiheit. Mit ihrer Aufhebung (§ 52 RegE) ist die frühere Rechtslage (§ 20 i. V. m. 26 LitUG) geändert worden. Die Komponisten selbst haben durch ihre Vertreter erkärt, daß sie es durchaus als angemessen empfinden würden, wenn künftig Vertonungen eines Sprachwerkes stets der Zustimmung des Urhebers bedürften. Der entgegengesetzte Fall, daß einem Werke der Tonkunst ein Text oder ein neuer Text zugrunde gelegt wird, ist damit nicht geregelt. Die Frage, ob eine solche neue Verwendung dem selbständigen Verwertungsrecht des Urhebers unterliegt, ist in letzter Zeit diskutiert worden (siehe *Deutsch* in GRUR 1965, 7; *Gast* ebenda, 292 und Erwiderung *Deutsch*, 294). Sie war m. E. schon im Hinblick auf § 20 LitUG zu verneinen und erst recht nunmehr nach Aufhebung dieser Bestimmung. Der Urheber ist kraft seines Urheberpersönlichkeitsrechtes schlechthin befugt, eine Verbreitung seiner Musik mit einem neuen Text zu untersagen. Für die vor Inkrafttreten des Gesetzes erschienenen Vertonungen siehe die Übergangsregelung im § 131.

Zu einer Festigung und Erweiterung der Urheberrechte führt **§ 52**, der gewisse **Ausnahmen von der Vergütungspflicht** zuläßt. Die neuen Vorschriften, die sich an den Gedanken des § 27 LUG anlehnen, enthalten eine allgemeine, nicht nur auf die Werke der Tonkunst beschränkte Regelung und heben die bisher gewährten, durch die Rechtsprechung des BGH (BGHZ 19, 227 = GRUR 1956, 131 = UFITA Bd. 21 [1956] S. 245 — Kirmes) allerdings schon eingeschränkten Vergünstigungen für Volksfeste, Karnevale, Kirmes, Schützenfeste, für Wohltätigkeitsveranstaltungen u. dgl. auf. Der vom Abg. Nellen bei der 3. Beratung des Urheberrechtsgesetzes mutige und mit guten Gründen gestellte Antrag, den § 52 zu streichen, also schlechthin keine Ausnahme für die Vergütungspflicht der öffentlichen Wiedergabe eines erschienenen Werkes zuzulassen, ist der Ablehnung verfallen; immerhin war die Minderheit so groß, daß zur genauen Feststellung des Abstimmungsverhältnisses der Hammelsprung nötig wurde, der das Ergebnis 164:118 zeitigte (BT 187. Sitzung S. 9419/B = UFITA Bd. 46 [1966] S. 207) Diese 42 % Nein-Stimmen haben nicht nur historische Bedeutung, sondern sie zeigen einmal, daß der Grundatz, den Urheber an allen Erträgnissen seines Werkes teilhaben zu lassen, an Boden gewinnt, und zum anderen sollten sie die Rechtsprechung daran erinnern, § 52 als eine Ausnahmebestimmung ganz eng auszulegen. Das ist auch im UAUrh. darin zum Ausdruck gekommen, daß er eine große Zahl von Anträgen, beispielsweise die Schüler- und Studentenveranstaltungen sowie die der Alten- und Jugendpflege freizustellen, abgelehnt hat. Nach dem Gesetz (Abs. 1 Ziff. 1) sind drei Voraussetzungen zu prüfen: ob

a) die Veranstaltung keinem Erwerbszweck des Veranstalters oder eines Dritten dient,

b) die Teilnehmer ohne Entgelt zugelassen werden und

c) im Falle des Vortrages oder der Aufführung des Werkes den ausübenden Künstlern keine besondere Vergütung gezahlt wird.

Diese Grenzen dürfen nicht überschritten werden; die Erhebung von Unkostenbeiträgen, die vielleicht die Raummiete, Heizungs- und Beleuchtungskosten decken sollen, lassen die Vergütungspflicht entstehen, nicht etwa die Zahlung der Reisekosten an die mitwirkenden Künstler. Das ergibt sich aus dem Ausdruck „besondere Vergütung", der nur die Bedeutung haben soll, die Vergütung der auftretenden Künstler gegenüber allen anderen Beteiligten hervorzuheben. Dient die Veranstaltung den Erwerbszwecken eines Dritten, so ist dieser vergütungspflichtig.

Eine besondere Bestimmung ist im Abs. 1 Ziff. 2 eingefügt zugunsten der Kirchen und der Religionsgemeinschaften des öffentlichen Rechts. Durch die Korrektur des RegE ist keine sehr glückliche Formulierung entstanden. Die Freistellung erfolgt für die öffentliche Wiedergabe eines erschienenen Werkes wie im Gottesdienst, einer kirchlichen Feier oder einer anderen Veranstaltung. Anschließend kommt das grundsätzliche Gebot, dem Urheber für die Wiedergabe eine angemessene Vergütung zu zahlen. Dieses Gebot wird jedoch wiederum eingeschränkt und für die in der Praxis allein vorkommenden Fälle illusorisch gemacht, daß die Zahlungsverpflichtung entfällt, wenn die oben erwähnten drei Voraussetzungen der Nr. 1 vorliegen. Bei der generell urheberfreundlichen Einstellung der Kirchen, die allerdings in ihrem eigenen Interesse liegt, wird auch angesichts der von der GEMA abzuschließenden Gesamtverträge (§ 12 VerwGG) und die vorgeschriebene Rücksichtnahme auf religiöse Belange bei der Tarifgestaltung (§ 13 ebenda) eine ersprießliche Entwicklung erwartet werden dürfen.

Die Bestimmungen der **§§ 53 bis 56** über die **Vervielfältigung zum persönlichen und zum sonstigen eigenen Gebrauch und die Vervielfältigung durch Sendeunternehmen und Geschäftsbetriebe** hätten wohl kaum die Öffentlichkeit so interessiert, wenn es nicht dabei um den Kampf über die Zulässigkeit des Überspielens geschützter Werke auf Tonband im privaten Bereich gegangen wäre. Der Kampf hat länger als 10 Jahre getobt und seine Kulminationspunkte in den fünf Urteilen des Bundesgerichtshofs in Sachen GEMA gegen Grundig erreicht [24]). Das spiegeln auch die parlamentarischen Verhandlungen, vor allem die Sitzungen des UAUrh. wider, in denen die Vertreter der GEMA, der Schallplatten-, Tonbandgeräte- und Tonbandin-

[24]) Vgl. BGHZ 17, 266 = GRUR 1955, 492 = UFITA Bd. 20 (1955) S. 314 — Grundig-Reporter; GRUR 1960, 340 = UFITA Bd. 31 (1960) S. 335 — Werbung Tonbandgeräte; GRUR 1964, 91 = UFITA Bd. 40 (1963) S. 362 — Tonbänderwerbung; ergänzt durch NJW 1965, 746 = UFITA Bd. 44 (1965) S. 150 — Werbung der Tonbänderhersteller; GRUR 1964, 94 = UFITA Bd. 40 (1963) S. 371 — Tonbandgerätehändler; GRUR 1965, 104 = UFITA Bd. 43 (1964) S. 134 — Personalausweise.

dustrie, des Deutschen Tonjäger-Verbandes, des Börsenvereins des Deutschen Buchhandels und des Deutschen Musikverlegerverbandes gehört worden sind, um nur einige der insgesamt 14 Interessengruppen zu nennen (siehe Prot. 8/3 bis 52). Wenn man bedenkt, daß in der Bundesrepublik Deutschland bis Ende 1965 etwa 18 Millionen Rundfunkgenehmigungen erteilt waren, 11 Millionen Fernsehteilnehmer gezählt wurden, der Gesamtumsatz von Schallplatten bei etwa 42,3 Millionen lag und bis zu diesem Zeitpunkt rund 1,8 Millionen Tondbandgeräte abgesetzt waren, wobei Produktion und Umsatz der Fernseh- und Tonbandgeräte im ständigen Steigen begriffen sind, so ist dieses Interesse verständlich, ein Interesse der Allgemeinheit, das allerdings nicht dem Schutz der Urheber gilt, sondern im Gegenteil nur erwachsen ist aus dem nun einmal alles beherrschenden kommerziellen Denken, aus dem Bestreben, für den Genuß der künstlerischen, in erster Linie musikalischen Werke nichts zu bezahlen. Gegenüber diesem Teilproblem sind die nicht minder wichtigen Fragen der Vervielfältigung zum persönlichen Gebrauch in den Hintergrund getreten.

§ 53 regelt allgemein die **Vervielfältigung zum persönlichen Gebrauch**, während **§ 54 Einzelfälle** aufzählt, in denen die Herstellung einzelner Vervielfältigungsstücke **zum sonstigen eigenen Gebrauch** zulässig sein soll. Nach der Begründung zum RegE, der insoweit unverändert Gesetz geworden ist, verstand § 15 Abs. 2 LitUG unter „persönlichem Gebrauch" und § 18 Abs. 1 KSchG unter „eigenem Gebrauch" trotz der verschiedenen Ausdrucksweise im wesentlichen dasselbe, nämlich die Vervielfältigungsfreiheit für den Gebrauch der Person, die die Vervielfältigung herstellt oder herstellen läßt, und der mit ihr durch ein persönliches Band verknüpften Person. Die bisher herrschende Meinung hat jedoch die beiden Begriffe differenziert und den persönlichen Gebrauch (anlehnend an BGHZ 8, 88 = GRUR 1953, 140) auf den Gebrauch für die eigene Person und diejenigen, die durch ein persönliches Band verbunden sind, erstreckt während sie den Begriff des eigenen Gebrauchs enger umgrenzt und ihn lediglich auf die Person desjenigen beschränkt hat, der die Vervielfältigung bewirkt oder bewirken läßt [25]). Das neue Gesetz geht, wenn man der Begründung folgt, gerade den umgekehrten Weg. Der persönliche Gebrauch des § 53 deckt sich mit dem gleichen Begriff des § 15 Abs. 2 LitUG, der eigene Gebrauch im § 54 geht aber weiter, er umfaßt in seinem Katalog alle Fälle, in denen jemand Vervielfältigungsstücke zur eigenen Verwendung und nicht zur

---

[25]) Vgl. Ulmer, UVR S. 227/28; Hubmann UVR § 31; Bussmann-Pietzcker-Kleine, Gewerblicher Rechtsschutz und Urheberrecht, 3. Aufl., S. 388.

Weitergabe an Dritte herstellt oder herstellen läßt. Der eigene Gebrauch umfaßt also auch den persönlichen mit der Folge, daß eine Vervielfältigung zum persönlichen Gebrauch unter § 53 und § 54 fällt. Umgekehrt greift der eigene Gebrauch über die private Sphäre hinaus und ist im Rahmen des § 54 auch für eine juristische Person, ein Unternehmen oder eine Behörde für ihre Angestellten möglich, während der persönliche Gebrauch ihnen verschlossen bleibt.

Der **persönliche erlaubnisfreie Gebrauch** unterliegt gewissen Beschränkungen. Er darf sich nur auf einzelne Vervielfältigungsstücke erstrecken, allerdings auch auf ganze Werke, Schriften, Tonwerke, und nicht nur auf Werkteile. Die Vervielfältigung kann nicht allein mit der Hand oder Schreibmaschine vorgenommen werden, mechanische Vervielfältigungsverfahren sind ebenso wie bisher zulässig. Erlaubt ist ferner, daß der zur Vervielfältigung Befugte die Vervielfältigungsstücke durch einen anderen herstellen läßt. Für die Vervielfältigung durch Übertragung von Werken auf Bild- oder Tonträger und die Vervielfältigung von Werken der bildenden Künste gilt dies jedoch nur, wenn die Herstellung unentgeltlich geschieht. Der persönliche Gebrauch wird außerdem dadurch begrenzt, daß die Vervielfältigungsstücke weder verbreitet noch zur öffentlichen Wiedergabe benutzt werden dürfen. Von der Freistellung schlechthin ausgeschlossen, d. h. nur mit Einwilligung des Berechtigten zulässig sind nach § 53 Abs. 4 die Aufnahmen öffentlicher Vorträge, Aufführungen oder Vorführungen eines Werkes auf Bild- oder Tonträger, die Ausführung von Plänen und Entwürfen zu Werken der bildenden Künste und der Nachbau eines Werkes der Baukunst.

Unter der Überschrift **„Vervielfältigung zum sonstigen eigenen Gebrauch"** werden im § 54 fünf Fälle aufgezählt. Der Katalog enthält in den Ziffern 1 bis 3 Sonderfälle und in Ziff. 4 a und b unter Wiederholung der Überschrift (die an sich auch für die Ziffern 1 bis 3 gilt) mehr allgemein gehaltene Ausnahmen. Daraus ergibt sich folgendes Bild: Zulässig ist es, einzelne Vervielfältigungsstücke eines Werkes herzustellen oder herstellen zu lassen unter fünf verschiedenen Bedingungen, wobei auch schon in diesem Obersatz die Einschränkung auf einzelne Werke und die Erweiterung auf die Vervielfältigung ganzer Werke (§ 2 Abs. 1) auf mechanische Weise und die entgeltliche oder unentgeltliche Herstellung durch Dritte (Kopieranstalten) zu beachten ist.

Im einzelnen wird die Verfielfältigung freigestellt

1. zu eigenem wissenschaftlichen Gebrauch und
2. zur Archivierung, wenn und soweit die Vervielfältigung zu diesem Zweck geboten ist. (Abs. 1 Ziff 1 und 2).

Dadurch wird, zumal beim eigenen wissenschaftlichen Gebrauch, die theoretische Möglichkeit der mechanischen Abschrift eines ganzen Werkes auf ein tragbares Maß zurückgeführt. Eine weitere Voraussetzung für die meist mikrofilmische Vervielfältigung zwecks Aufnahme in ein eigenes Archiv bildet die Benutzung eines eigenen Werkstückes als Vorlage. Der Klarheit wegen sei darauf hingewiesen, daß die Forderung, die Vervielfältigung dürfe nur mit der Hand der Schreibmaschine vorgenommen werden, im UAUrh. (siehe Bericht Dr. Reischl im RA Prot. 131/3) als anachronistische Regelung abgelehnt worden ist.

3. Die Bestimmung der Ziff. 3 des ersten Absatzes, die die eigene Unterrichtung über Tagesfragen durch Funk gesendete Werke betrifft, erweitert die Vorschrift des § 48 Abs. 1 Ziff. 1, die die Vervielfältigung und Verbreitung von Reden über Tagesfragen freistellt.

In der Begründung zum RegE wird die Meinung vertreten, daß neben Behörden auch Unternehmen aktuelle Sendungen in einigen Exemplaren aufnehmen und diese ihren Betriebsangehörigen zur Unterrichtung zuleiten können (siehe UFITA Bd. 45 [1965] S. 289). Ich glaube, daß diese Auslegung zu weit geht, denn auch Ziff. 3 steht unter der Sperrvorschrift des Abs. 2, daß eine angemessene Vergütung zu entrichten ist, wenn die Vervielfältigung gewerblichen Zwecken dient.

4. Wenn es sich um kleine Teile eines erschienenen Werkes oder um einzelne Aufsätze handelt, die in Zeitungen oder Zeitschriften erschienen sind, und

5. wenn es sich um ein vergriffenes Werk handelt und der Berechtigte nicht auffindbar ist. Ist der Berechtigte auffindbar und das Werk länger als drei Jahre vergriffen, so darf er seine Einwilligung zur Vervielfältigung nur aus wichtigem Grund verweigern.

Gewiß geht die Ausnahme zu 4 sehr weit, aber soweit sie sich durch den persönlichen Gebrauch erschöpft, ist sie schon durch § 53 gedeckt und im übrigen durch die genannte Sperrvorschrift des Abs 2 eingeengt. Es ist nicht möglich, die wirtschaftliche Entwicklung zu hemmen, z. B. das Xero-Kopieren zu verbieten. Die Vervielfältigung ganzer Bücher fällt ohnehin nicht unter § 54, der aus der Entstehungsgeschichte zu verstehen und zu interpretieren ist, nämlich aus dem Urteil des BGHZ 18, 44 (= GRUR 1955, 544 = UFITA Bd. 20 [1955] S 346 — Photokopie) und dem darauf aufbauenden zwischen dem Börsenverein des Deutschen Buchhandels und dem Bundesverband der Deutschen Industrie am 14. Juni 1958 getroffenen „Rahmenabkommen über die Herstellung von photomechanischen Vervielfältigungen (Photokopien, Mikrokopien) in gewerblichen Unternehmen zum innerbetrieblichen Gebrauch". Eine enge, wenn auch nicht kleinliche Auslegung ist um so mehr geboten, als nach dem Gutachten der Deutschen Forschungsgemeinschaft hochqualifizierte wissenschaftliche Zeitschriften, die nur in ganz geringer Auflage von 400 bis 500 Stück erscheinen, ernsthaft bedroht wären, wenn infolge der Vervielfältigungsfreiheit Nachbestellungen ausblieben (siehe Stellungnahme des Börsenvereins S. 45) Wenn auch die Vervielfältigung ohne besondere Zweckbestimmung zugelassen ist, so ist doch noch dem Sinn und Ziel des Gesetzes allen diesen Bestimmungen immanent, daß es sich um Ausnahmetatbestände handelt, und die Vervielfältigung nach dem verfolgten wissenschaftlichen, kulturellen oder wirtschaftlichen Zweck gerechtfertigt und auch nach dem Umfang geboten sein muß.

Der fünfte Fall (Abs. 1 Ziff. 4 b) erfüllt einen Wunsch der Bibliotheken und wissenschaftlichen Institute, vergriffene Werke durch Vervielfältigung herzustellen und sie ihrem Leserkreis zu erschließen. Hier wird offenbar, daß eine Beschränkung der Vervielfältigung durch die Hand oder Schreibmaschine sinnlos wäre und die Anwendung der Ausnahmevorschrift illusorisch machen würde. Allerdings ist ein damit zusammenhängender weiterer Wunsch unerfüllt geblieben. Der Verein deutscher Bibliothekare hatte eine Ergänzung des 3. Absatzes gefordert, der, bezogen auf alle Fälle des § 54, die entsprechende Anwendung des § 53 Abs. 3 und 4 (Verbot der Verbreitung und öffentlichen Wiedergabe und der Aufnahme auf Bild- und Tonträger) vorsieht. Eine Ergänzung der Ziff. 4 b dahin, daß die Ausleihe der Vervielfältigungen erlaubt sei, ist jedoch nicht beschlossen worden. Die Verbreitung eines für Archivzwecke hergestellten oder eines vervielfältigten vergriffenen Werkes ist also nach dem Wortlaut nicht zulässig, auch nicht die Ausleihe. Die für das Archiv bestimmten Stücke sind soweit zweckgebunden und nicht für die Ausleihe bestimmt, für die das vorhandene „eigene Werkstück" benutzt werden kann. Bei dem vervielfältigten vergriffenen Werk liegt eine scheinbare Diskrepanz vor. Die Aufgabe der öffentlichen Bibliotheken und Institute ist die Verleihung, d. h. Verbreitung, und selbst die in der Präsenzbibliothek, im Lesesaal zur Verfügung stehenden Werke werden ausgeliehen. Hier muß man, um zu einer sinngemäßen praktikablen Lösung zu gelangen, unterstellen, daß das Gesetz die nötige Einwilligung des unauffindbaren Berechtigten zur Vervielfältigung und zur Verbreitung ersetzt ebenso wie die stillschweigende Einwilligung bei einem auffindbaren, also bekannten Urheber nach 3 Jahren für Vervielfältigung und Verbreitung anzunehmen ist. Die Bestimmung würde sonst ihren Sinn verlieren, und auch im Gegensatz zum Fall Nr. 1 stehen, der gerade für den Gebrauch der wissenschaftlichen Institute die Freistellung ausspricht. Die Ausnahmevorschrift würde sinn- und zwecklos werden, wenn die Angehörigen des Instituts das erlaubterweise hergestellte Vervielfältigungsstück nicht entleihen und nicht lesen dürften; hier umfaßt der Begriff des eigenen Gebrauchs die Befugnis, das Vervielfältigungsstück dem engen Kreis der Angehörigen zugänglich zu machen.

Eine generelle Ausnahme schafft Abs. 2 für die **Vervielfältigungen, die gewerblichen Zwecken dienen;** für sie hat der zur Vervielfältigung Befugte dem Urheber eine angemessene Vergütung zu zahlen. Die Fassung stellt klar, daß staatliche und kommunale Behörden, Künstler, Wissenschaftler und die Angehörigen freier Berufe, Rechts- und Patentanwälte, Wirtschaftsprüfer und Ärzte ausgeschlossen sind, da sie ihrem Beruf nicht zu gewerblichen Zwecken nachgehen, wenn sie auch eine Erwerbstätigkeit ausüben. In den meisten Fällen wird die Freistellung bereits durch § 45 begründet sein. Der Rechtsanwalt wird also im Rahmen des sonstigen eigenen Gebrauchs für ein Gutachten, das nicht in einem Schriftsatz verwendet wird — andernfalls käme § 45 in Frage — , der Patentanwalt zur Prüfung eines technischen Vorgangs, um die Patentfähigkeit einer ihm vorgelegten Erfindungsanmeldung festzustellen, der Wirtschaftsprüfer in einer schwierigen Bilanzfrage einen das in Frage kommende Problem betreffenden Aufsatz oder einen Teil eines großen Werkes vervielfältigen dürfen, ohne vergütungspflichtig zu werden, wobei der Umfang des Werkteiles sich nach dem Zweck richtet (§ 54 Abs. Ziff 1). Die Beispiele werden hier besonders angeführt, um keinen Zweifel aufkommen zu lassen. Die Anregung der Verlegerverbände und der Internationalen Gesellschaft für Urheberrecht, die Beschränkung der Vergütungspflicht auf gewerbliche Zwecke fallen zu lassen und eine generelle Vergütungspflicht einzuführen, ist vom UAUrhR. (Prot. 5/4) nicht aufgenommen worden.

Anschließend sollen der Vollständigkeit halber noch zwei Vervielfältigungsarten genannt werden, die in den §§ 55 und 56 behandelt sind. § 55 ist vom RegE ohne Änderung und fast ohne Diskussion in das Gesetz übernommen worden. Er schließt eine Lücke, die den technischen Erfordernissen des Sendebetriebs Rechnung trägt, und bedarf nur einer kurzen Bemerkung (siehe RegE zu § 56, jetzt § 55).

Nach unserem System sind die Sendungen eines Werkes und seine Aufnahmen zwei verschiedene urheberrechtliche Vorgänge, zwei Verwertungsarten, die beide ausschließlich dem Urheber vorbehalten sind (§ 15 Abs. 1 Ziff. 1 Abs. 2 Ziff. 2). Bekanntlich ist nur ein geringer Teil der gesendeten Vorträge und Aufführungen

Live-Sendungen, alle übrigen werden vorerst auf Tonträger aufgenommen, und diese Aufnahmen sind nichts anderes als ein technisches Hilfsmittel für die Sendung. Sie bilden praktisch gesehen eine einheitliche Verbreitung. Die Erlaubnis der Sendung schließt die der Aufnahme in sich und umgekehrt. Die Sendung ist allerdings nur einmal für jeden Sender oder Richtstrahler eines Sendeunternehmens zulässig. Spätestens 1 Monat nach der ersten Funksendung des Werkes sind die Bild- oder Tonträger zu löschen, abgesehen von solchen, die außergewöhnlichen dokumentarischen Wert haben und in ein amtliches Archiv aufgenommen werden. In diesem Fall ist der Urheber von der Aufnahme in das Archiv unverzüglich zu benachrichtigen. Die Regelung entspricht Art. 11 ^{bis} Abs. 3 Satz 2 und 3 RBÜ (Brüssel).

Eine Erweiterung bringt **§ 56** hinsichtlich der **Vervielfältigung und öffentlichen Wiedergabe durch Geschäftsbetriebe.** Die Vorschrift beruht auf einer Anregung des deutschen Radio- und Fernseh-Fachverbandes. Nach der bisherigen Rechtsprechung des BGH (siehe oben Anm. 24) war der Einzelhändler gehalten, bei dem Vertrieb von Tonbandgeräten darauf hinzuweisen, daß bei einer Benutzung der Geräte in der Bundesrepublik Deutschland und Berlin zur Aufnahme geschützter Musikwerke die Einwilligung der GEMA einzuholen sei. Es war schon bisher nicht zulässig, entgegen diesem Hinweis bei der Werbung geschützte Werke auf das zum Verkauf angebotene Gerät zu überspielen. Darüber hinaus ist auch in einer zu weit gepannten Fürsorge für die Belange der Urheber von Tonwerken von dem Radiohändler die Zahlung einer Pauschale für die Vorführung von Radiogeräten mit geschützten Werken gefordert worden (UAUrh. Prot. 5/4). Die Rechtslage ist durch die noch zu erörternden Bestimmungen des § 53 Abs. 5 zwar geändert worden, aber sie decken nicht den hier in Frage kommenden Tatbestand. Die Zulässigkeit der Vervielfältigung und öffentlichen Wiedergabe durch die einschlägigen Geschäftsbetriebe (Verkaufs- und Instandsetzungsbetriebe) ist in zweifacher Richtung gebunden:

a) die Übertragung von Werken auf Bild- oder Tonträger und die öffentliche Wiedergabe mittels Bild- oder Tonträger sowie die öffentliche Wahrnehmbarmachung von Funksendungen ist nur erlaubt, soweit das zur sachgemäßen Vorführung der Geräte oder zu ihrer Instandsetzung nötig ist, und

b) die zu diesem Zweck hergestellten Bild- oder Tonträger sind unverzüglich zu löschen.

Öffentliche Wiedergabe geschützer Werke zu Werbezwecken ist hiernach ohne Einwilligung des Urhebers nicht gestattet. Läßt beispielsweise ein Händler, um Kunden anzulocken, in seinem Schaufenster ein Fernsehgerät laufen oder durch Lautsprecher Musik auf der Straße ertönen, wie es bislang fast üblich war, so bedarf er jetzt der Zustimmung der Urheber (siehe Prot. 131/5 und Schriftl. Bericht des RA zu § 57 = UFITA Bd. 46 [1966] S. 192.)

Neben den genannten Fällen des zulässigen persönlichen und eigenen Gebrauchs steht im Brennpunkt die Vorschrift des **§ 53 Abs. 5** über das Recht der Vervielfältigung von Funksendungen oder Schallplatten durch **Überspielen auf Tonband** [25a]). Der UAUrh. und der RA des BT haben sich die Arbeit nicht leicht gemacht. Die methodisch beste Vorarbeit hatte der Bundesgerichtshof in seinem Urteil vom 29. Mai 1964 (GRUR 1965, 104 = UFITA Bd. 43 [1964] S. 134) geleistet, dessen Hinweise auch die Grundlage zur neuen gesetzlichen Regelung bilden. Es braucht daher auf die gesamte Diskussion, auf die kaum mehr übersehbare Literatur, auf die umfangreichen Gutachten, die nach Form und Inhalt fast den Charakter von Streitschriften angenommen haben, nicht mehr zurückgegriffen werden.

Das oberste Prinzip, der Leitgedanke ist die vom Bundesgerichtshof in der ersten Entscheidung bereits im Jahre 1955 (siehe oben Anm. 24) ausgesprochene Erkenntnis, daß private Tonbandaufnahmen ohne Erlaubnis der Urheber unzulässig sind und also die vielfach vertretene Meinung, daß das Ausschließlichkeitsrecht des Werkschöpfers stets vor der privaten Sphäre des Werknutzers haltzumachen habe, schon deswegen irrig ist, weil sich durch den technischen Fortschritt der Vervielfältigungsvorgang aus dem gewerblichen in den privaten Sektor verlagert hat (so zuletzt BGH in GRUR 1965, 106 = UFITA Bd. 43 [1964] S. 139). Trotz der intensiven Aufklärungsversuche der GEMA und des durch die Rechtsprechung des Bundesgerichtshofes erreichten Zwanges, beim Vertrieb von Tonbandgeräten die Käufer darüber zu belehren, daß eine Benutzung der verkauften Tonbandgeräte zur Aufnahme von Werken des Repertoires der GEMA deren Einwilligung bedürfe (sog. GEMA-Hinweis), ist es nicht gelungen, die breite Schicht der Käufer und Besitzer der Geräte für diese Rechtsüberzeugung zu gewinnen. Die Zahl derer, die freiwillig eine Abgabe geleistet haben, ist geradezu beschämend gering gewesen (1,8 Millionen Gerätebesitzer und 5000 freiwillige Zahler = 3 v. T.). Bezeichnend für die allgemeine Anschauung ist die Erklärung, die der Vertreter des

---

[25a]) Den Aufsatz von Reichardt über „Die Vergütungspflicht für private Tonbandaufnahmen nach dem neuen Urheberrechtsgesetz" in UFITA Bd. 45 (1965) S. 84 ff. konnte ich nicht mehr berücksichtigen, da er erst nach Fertigstellung meines Manuskriptes eschienen ist.

deutschen Tonjägerverbandes als Sachverständiger vor dem UAUrh. abgegeben hat (Prot. 8/22), und in der es u. a. heißt:

„Ich kann Ihnen quer durch alle Berufsschichten — ob Akademiker, Handwerker oder Hilfsarbeiter — nachweisen, daß kein Mensch vom rein rechtlichen Standpunkt einsehen kann, daß wir für die private Vervielfältigung in unseren eigenen vier Wänden eine Lizenzgebühr zahlen sollen. Das hat bei unseren Vätern nicht gegolten, und warum soll es jetzt bei uns anders sein? ..."

In der Tat kann man dies als communis opinio bezeichnen, auch derjenigen, die die Urteile des Bundesgerichtshofs kennen und sie mithin als quantitées négligeables betrachten, ein Beweis, wie schwer es ist, die Achtung vor geistigen Schöpfungen und ihre Wertung in das allgemeine Bewußtsein zu leiten.

Im einzelnen ist die Regelung des § 53 Abs. 5 folgende:

1. Jeder Urheber eines Werkes, nach dessen Art sich schließen läßt, daß es durch Aufnahme von Funksendungen auf Bild- oder Tonträger oder durch Übertragung von einem Bild- oder Tonträger auf einen anderen zum persönlichen Gebrauch vervielfältigt wird, hat einen Vergütungsanspruch

2. Dieser Anspruch richtet sich gegen den Hersteller von Geräten, die zur Vornahme solcher Vervielfältigungen geeignet sind.

3. Der Anspruch entfällt, soweit nach den Umständen mit Wahrscheinlichkeit erwartet werden kann, daß die Geräte für die genannte Vervielfältigung im Inland nicht benutzt werden.

4. Der Anspruch kann nur durch eine Verwertungsgesellschaft geltend gemacht werden.

5. Die Summe der Vergütungsansprüche aller Berechtigten darf 5 % des Veräußerungserlöses nicht übersteigen.

Wenn private Tonbandaufnahmen geschützter Werke ohne Einwilligung der Urheber unzulässig sind, so ergibt sich daraus die Notwendigkeit der Abgeltung. Die gesetzliche Lösung hat den Vorteil, daß sie die Urhebervergütung an der Quelle, beim Gerätehersteller, erfaßt, ohne in die Intimsphäre des Gerätebesitzers und -nutzers einzudringen. Sie hat den Nachteil, daß die einmalige Pauschalabgabe vom Gerätehersteller im Gesamtkaufpreis erhoben und an die eZntralstelle für private Überspielungsrechte (ZPÜ), in der sich die GEMA, die Verwertungsgesellschaft WORT, die Gesellschaft für Leistungsschutzrechte und die Schallplattenindustrie zusammengeschlossen haben, abgeführt werden muß, die Industrie also für den zukünftigen Käufer in Vorlage tritt, falls nicht die noch abzuschließenden Verträge etwas anderes bestimmen, und daß sie jeden Käufer und Benutzer eines Gerätes trifft, gleichviel ob er in Zukunft geschützte Werke überspielt oder nicht, also den Schuldigen wie den Unschuldigen in gleicher Weise. Nach der Erfahrung des täglichen Lebens ist der Promillesatz der „Unschuldigen" allerdings ein ganz minimaler.

Die Bestimmungen zielen in erster Linie auf das Überspielen von Musikwerken, aber sie umfassen selbstverständlich auch die Übertragung von Reden, Vorträgen und Vorlesungen, von Hörspielen und in absehbarer Zeit die Aufnahme und Übertragung von Bildfunksendungen, also aller nach § 2 geschützten Werke. Zu den geschützten Personen gehören nicht allein die Schöpfer der Werke, die Komponisten und Schriftsteller, sondern auch die ausübenden Künstler (§ 84), die Hersteller von Tonträgern, vornehmlich die Schallplattenindustrie (§ 35 Abs. 3) und die Filmhersteller (§ 94 Abs. 4).

Sieht man sich die täglichen Programme für die Hörfunk- und Fernsehsendungen an, so wird es kaum ein geschütztes Werk geben, das nach seiner Art für die Vervielfältigung nicht in Betracht kommt. Aus diesem Grunde hat der Gesetzgeber es auch in Kauf genommen, daß die Bestimmungen diejenigen mittrifft, die das Tonbandgerät gar nicht zu dem Zwecke erworben haben, Rundfunk- oder Fernsehsendungen aufzunehmen und Schallplatten auf Band zu überspielen. Gegenüber diesem stark überwiegenden Gebrauch tritt die Verwendung der Geräte bei Behörden oder wissenschaftlichen Instituten, z. B. bei der Bundesbahn zur Überprüfung des Ansagedienstes der Zugsicherung, bei der Bundespost zwecks telefonischer Ansagedienste, bei Geräuschaufnahmen der Tonjäger, bei Dolmetschersprachkursen usw. in den Hintergrund. Überdies ist bei der grundsätzlichen Verwendung der Geräte zu den genannten Zwecken keineswegs ausgeschlossen, daß sie gelegentlich auch einmal zur Aufnahme geschützter Werke benutzt werden. Eine Sicherung in dieser Richtung bietet die Vorschrift, daß nur solche Geräte erfaßt werden sollen, die zur Vornahme von Vervielfältigungen der oben in Ziff. 1 genannten Werke geeignet sind. Geräte, die nur für Diktierzwecke zu verwenden sind, sind daher von der Zahlung der Vergütung frei ebenso wie die für den Export bestimmten, dagegen nicht die importierten oder reimportierten Geräte. Diejenigen, die die Geräte einführen oder wiedereinführen, haften neben dem Hersteller als Gesamtschuldner.

Vereinfacht ist das Verfahren noch dadurch, daß der Anspruch der Urheber ausschließlich durch eine Verwertungsgesellschaft geltend gemacht werden kann, die in angemessener Weise die erzielten Erlöse zu verteilen hat. Da die Pauschalvergütung keine öffentlich-rechtliche Abgabe ist, erhebt sich die Frage der rechtlichen Qualifizierung. Wer ein Tonbandgerät fabriziert und in Verkehr bringt, schafft damit die Gefahrenlage, daß der Benutzer das Gerät zur Vervielfältigung geschützter Werke gebraucht; er wird mittelbarer Störer i. S. von § 1004 BGB, weil er die Vorrichtungen liefert, deren Verwendung durch die Tonbandgerätebesitzer zum unmittelbaren Eingriff in die Rechte (der Urheber) führt, gegebenenfalls wird er Teilnehmer an einer unerlaubten Handlung (§§ 823, 830 BGB). Zuerst drängt sich der Vergleich mit der mittelbaren Patentverletzung auf. Der Bundesgerichtshof hat es in dem schon mehrfach zitierten Urteil vom 29. Mai 1964 dahingestellt gelassen, ob diese Rechtsfigur auf die Verletzung von Urheberrechten und Leistungsschutzrechten ausübender Künstler übertragen werden könne. Es genügt, auf den zugrunde liegenden Rechtssatz zurückzugreifen, daß niemand bei Verletzungshandlungen Dritter mitwirken darf, sondern sie verhüten muß.

Voraussetzung der vorliegenden Regelung, nämlich des Anspruchs des Urhebers gegen den Hersteller ist der Schuldvorwurf, d. h. ein Doppeltes, daß das Überspielen geschützter Werke auch in der Privatsphäre eine Verletzung des Urheberrechts ist und der Verkauf der Geräte in Kenntnis des voraussehbaren Kausalablaufs erfolgt, also im Bewußtsein, daß damit die unerlaubten Verletzungshandlungen begangen werden können. Die mittelbare Verursachung steht deshalb der unmittelbaren gleich. Sonst könnte immer nur das letzte Glied in der Kausalkette als ursächlich anerkannt werden (siehe hinsichtlich der Kausalität im allgemeinen *Staudinger-Werner,* BGB 11. Aufl., Vorbem. 10 ff., 39 vor § 249).

Ebenso wie die Haftungsbeschränkung und -erweiterung vertraglich vereinbart werden können, ist das auch gesetzlich zulässig. Eine nicht gleiche aber immerhin ähnliche Rechtslage regelt das Gesetz über die Einführung der Pflichtversicherung für Kraftfahrzeughalter vom 7. November 1949 (RGBl. I S. 2223), das den Halter eines Kraftfahrzeuges verpflichtet, für sich und den berechtigten — gegebenenfalls häufig wechselnden — Fahrer eine Haftpflichtversicherung zur Deckung der durch den Gebrauch des Fahrzeugs möglicherweise in Zukunft zu verursachenden Sach- und Personenschäden abzuschließen und aufrechtzuerhalten.

Alles in allem erscheint die gesetzliche Regelung als eine wohlabgewogene Lösung des viel umstrittenen Problems, und man kann nur dem zustimmen, was der Abg. Reischl in dem Schriftlichen Bericht des RA zum damaligen 54 RegE ausgeführt hat (UFITA Bd. 46 [1966] S. 191 f.):

„Für die Regelung spricht, daß sie an die Rechtsprechung des Bundesgerichtshofs zu geltendem Recht anknüpft ... Es würde ... der Grundlinie des neuen Urheberrechtsgesetzes, den Rechtsschutz der Urheber zu verbessern und die Achtung vor ihrer schöpferischen Leistung zu stärken, widersprechen, in einer so bedeutsamen Frage hinter dem nach Auffassung des Bundesgerichtshofs geltenden Rechtszustand zurückzubleiben."

Eine rückwirkende Kraft hat die Bestimmung nicht. Der Anspruch kann erst ab 1. Januar 1966 geltend gemacht werden.

Es bedarf kaum des Hinweises, daß der im Kaufpreis der für die Vervielfältigung geeigneten Bild- oder Tonträger enthaltene Ablösungsbetrag nur die Freistellung der Vervielfältigung zum persönlichen Gebrauch bewirkt. In letzter Zeit haben Unternehmen sehr kostspielige Geräte zum Übertragen von Bildfunksendungen erworben. Die Zahl ist heute mit Rücksicht auf den außerordentlich hohen Preis noch relativ gering. Bei der Entwicklung der Technik ist jedoch ebenso wie bei den Tonbandgeräten mit einer erheblichen Preissenkung zu rechnen. Die Vervielfältigung auf diese Bildträger, die zu gewerblichen Zwecken benützt werden sollen, die vorläufig ins Archiv genommen und deren Aufnahmen nur stückweise gebraucht werden, ist durch den Kaufpreis nicht abgegolten. § 53 bezieht sich, wie schon die Überschrift zeigt, nur auf Vervielfältigungen zum persönlichen Gebrauch. Diese Beschränkung ergibt sich auch aus den §§ 54 bis 56 und aus den Grundsätzen des Fotokopieurteils des Bundesgerichtshof vom 24. Juni 1955 (BGHZ 18, 44 = GRUR 1955, 544, = UFITA Bd. 20 [1955] S. 346).

Der Sechste Abschnitt über die Schranken des Urheberrechts enthält auch einige weitere bemerkenswerte Bestimmungen. Neu sind die **§§ 57** und **58** über **„Unwesentliches Beiwerk"** und **„Katalogbilder"**. Die erste Vorschrift hat ihre Parallele im § 50, der sich auf die Bild-, Ton- und Zeitungsberichterstattung bezieht und die Vervielfältigung von geschützten Werken freistellt, die im Verlauf der berichteten Vorgänge wahrnehmbar gemacht worden sind. Nach § 57 sind die Vervielfältigung, Verbreitung und öffentliche Wiedergabe von Werken schlechthin zulässig, wenn sie zum eigentlichen Gegenstand nur als unwesentliches Beiwerk anzusehen sind. Beide Vorschriften werden sich vermutlich öfters überschneiden. Die Begründung zum RegE führt zwei Beispiele an: Wenn bei der Herstellung von Spielfilmen Szenen von Innenräumen aufgenommen werden, die mit urheberrechtlich geschützten Werken ausgestattet sind, oder wenn ein Werk der Musik zufällig bei der Aufnahme eines Reiseberichts für das Fernsehen ertönt und mit dem Bericht zugleich gesendet wird (siehe in UFITA Bd. 45 [1965] S. 292). Die Regelung ist etwas perfektionistisch. Auch ohne sie würde man Verletzungsansprüche als Mißbrauch des Urheberrechts ablehnen können, denn auch das Urheberrecht steht unter dem Grundsatz von Treu und Glauben.

Die Zulässigkeit der Vervielfältigung und Verbreitung von Katalogbildern öffentlich ausgestellter und zur öffentlichen Ausstellung oder Versteigerung bestimmter Werke der bildenden Künste rechtfertigt sich von selbst (§ 58). Eine Lücke ist insofern vorhanden, als an dieser Stelle die Lichtbildwerke nicht erwähnt sind. Öffentliche Ausstellungen von photographischen Werken sind sehr häufig; soweit einzelne davon in Kataloge aufgenommen werden, muß analog dasselbe wie für Werke der bildenen Künste gelten. Offenbar ist dies bei der Fassung des § 58 übersehen worden. In den Materialien ist die Frage nirgends erwähnt.

Im **§ 59**, der die Vervielfältigung, Verbreitung und öffentliche Wiedergabe von **Werken** freigibt, die sich bleibend **an öffentlichen Wegen, Straßen oder Plätzen** befinden, kehrt § 20 KUG in etwas modernisierter Form wieder durch die Einbeziehung des Filmes neben den bisherigen Vervielfältigungsarten: der Malerei, der Graphik und des Lichtbildes. Auch der Umfang der Beschränkung des Urheberrechts ist derselbe geblieben. Bei Bauwerken erstreckt sich die Befugnis nur auf die äußere Ansicht, die Fassade, und ist ferner, wie bislang nach § 20 Abs. 1 Satz 2 KSchG, dahin eingeschränkt, daß Vervielfältigungen an einem Bauwerk nicht vorgenommen werden dürfen; die Übertragung von Fresken, Karyatiden, Reliefs u. dgl. auf andere Gebäude ist also unzulässig. Eine entsprechende Anwendung auf Kunstwerke, die dauernd in öffentlichen Museen ausgestellt sind, ist ausgeschlossen. Ein diesbezüglicher Antrag ist abgelehnt worden (vgl. Begr. RegE zu § 60). Desgleichen ist im Wege der Analogie eine Erweiterung der drei Vervielfältigungsarten auf den Fernsehfunk nicht möglich; sie ist mit Absicht nicht in das Gesetz aufgenommen worden.

Der **Bildnisschutz** des § 18 Abs. 2 KSchG hat im **§ 60** eine Änderung, jedoch keine wesentliche Umgestaltung erfahren. Der Besteller eines Bildnisses oder seine Rechtsnachfolger dürfen es durch Lichtbild — aber nicht wie bisher auch in anderer Weise — vervielfältigen und verbreiten oder unentgeltlich verbreiten lassen. Handelt es sich um ein Lichtbildwerk, so ist die Vervielfältigung nicht nur auf fotografische, sondern auch auf andere Weise zulässig. Bei einem Porträt haben der Abgebildete und nach seinem Tode seine Angehörigen die gleichen Rechte. Der Kreis der Angehörigen ist derselbe wie in dem (nicht aufgehobenen) § 22 Satz 4 KSchG.

Trotz des Widerstandes des Deutschen Musikverlegerverbandes, der GEMA, der Internationalen Gesellschaft für Urheberrecht und der wohlbegründeten Bedenken des Börsenvereins des Deutschen Buchhandels ist im **§ 61** die **Zwangslizenz zur Herstellung von Tonträgern** im Vergleich zu § 22 LitUG in abgeschwächter Form Gesetz geworden. Sie wird in der beschlossenen Fassung jetzt kaum mehr den deutschen Komponisten — und nur um Werke der Musik handelt es sich — wehe tun, die fast ausnahmslos ihre mechanischen Vervielfältigungsrechte der GEMA zur Wahrnehmung übertragen haben und in diesem Falle infolge des Kontrahierungszwanges der Verwertungsgesellschaften von der Pflicht zur Vergebung einer Lizenz befreit sind. Der Gedanke, von dem sich der Gesetzgeber hat leiten lassen, ist, ausschließliche Lizenzen und damit Monopole vor allem für ausländische Werke bei bestimmten Schallplattenherstellern zu verhindern. Eine allzugroße praktische Bedeutung hat also die Zwangslizenz nicht. Die sehr eingehende und wortreiche Bestimmung wird im Hintergrund der vertraglichen Verhandlungen stehen und von beiden Teilen als Druckmittel benutzt werden (vgl. Verhandlungen im RA 131/6—7); sie gilt nicht für den Funk (siehe die eingehende Sachverständigen-Vernehmung in UAUrh. Prot. 8/63). In Zukunft ist also der Urheber eines Musikwerkes, der sein Werk einer Schallplattenfirma zur gewerblichen Nutzung überlassen hat, verpflichtet, jeder anderen in der Bundesrepublik ansässigen Konkurrenzfirma gleichfalls ein Nutzungsrecht zu angemessenen Bedingungen einzuräumen, mit drei Ausnahmen: Wenn das Nutzungsrecht bereits von einer Verwertungsgesellschaft wahrgenommen wird, wenn er das Nutzungsrecht wegen gewandelter Überzeugung zurückgerufen hat (§ 42) oder wenn es sich um die Benutzung des Werkes zur Herstellung eines Filmes handelt. Die gleiche Verpflichtung trifft den ausschließlich Nutzungsberechtigten (Abs. 4).

Gegenüber ausländischen Herstellern von Tonträgern besteht die Verpflichtung nur bei verbürgter Gegenseitigkeit (Abs. 2). Die alte Vorschrift des § 22 Abs. 1 Satz 3 LitUG ist wegen Kollision mit Art. 13 RBÜ (Brüssel) nicht wieder mit aufgenommen worden.

Über die Bundesrepublik und Berlin hinaus wirkt die Zwangslizenz nur in denjenigen Staaten, in denen das Werk keinen Schutz gegen die Übertragung von Tonträger genießt (Abs. 1 Satz 3). Für ein Sprachwerk, das als Text mit einem Werke der Musik verbunden ist, besteht grundsätzlich dieselbe Regelung (vergl. Abs. 5 und § 22 Abs. 2 LitUG, der nur unwesentlich geändert ist).

Der Anregung des Deutschen Musikverlegerverbandes, die musikdramatischen Werke von der Regelung auszunehmen, ist man nicht gefolgt. Sie wurde damit begründet, daß solche Werke durch Auszugsplatten, die nur die musikalischen Schwerpunkte enthielten, sehr leicht ausgehöhlt werden könnten, der Urheber müsse hier die Möglichkeit einer Steuerung haben, weil die Verwertbarkeit des ganzen Werkes darunter leiden könne; wenn die 2. oder 3. Platte schlecht sei, finde sich u. U. keine Bühne mehr, die das Werk spiele. Diese berechtigten Bedenken haben sich gegen die gesetzliche Lizenz gerichtet. Sie sind nunmehr nach der Einführung der Zwangslizenz entfallen, weil der Urheber nun verpflichtet ist, die Lizenz zu angemessenen Bedingungn einzuräumen, und in der Lage ist, den Vertrag nach seinen Wünschen zu gestalten. Zwar ist er zur Vergebung der Lizenz verpflichtet, aber der Lizenznehmer wird im Klageweg nicht Abmachungen erreichen können, die die berechtigten Interessen des Urhebers verletzen.

Absatz 6 enthält prozessuale Bestimmungen über den Gerichtsstand und über die Erleichterung des Erlasses von einstweiligen Verfügungen.

Die beiden letzten Paragraphen des 6. Abschnittes, das **Änderungsverbot § 62** und das Gebot der **Quellenangabe § 63** stimmen in den Grundsätzen mit der früheren Rechtslage überein (siehe §§ 18, 24 LitUG, 21 KSchG bzw. 25, 18 LitUG, 19 KSchG).

Das Verbot, eigenmächtig Abänderungen an einem Werke vorzunehmen, ist für die Inhaber eines einfachen und ausschließlichen Nutzungsrechtes schon im § 39 ausgesprochen. Es gilt nach § 62 Abs. 1 auch für alle die Benutzer, die nach § 45 ff. infolge der „Schranken des Urheberrechts" ausnahmsweise zur Vervielfältigung, Verbreitung oder öffentlichen Wiedergabe von Werken oder Werksteilen befugt sind. Auch in diesen Fällen sind Änderungen zulässig, denen der Urheber seine Einwilligung nach Treu und Glauben nicht versagen kann. § 62 nimmt ausdrücklich auf § 39 Bezug. Dagegen bleibt das Verbotsrecht bei Entstellungen bestehen, denn § 14 enthält einen allgemein bindenden Grundsatz.

Übernommen ist auch die Vorschrift des § 24 Satz 2 LitUG. Übersetzungen und solche Änderungen des Werkes, nicht nur der Tonkunst, die nur Auszüge darstellen, sind zulässig. Hierzu gehören auch, was selbstverständlich ist und keiner besonderen Norm bedurft hätte, Übertragungen in eine andere Tonart oder Stimmlage und entsprechend bei der bildenden Kunst und bei Lichtbildwerken in eine andere Größe und Änderungen, die das für die Vervielfältigung angewendete Verfahren mit sich bringt (Abs. 3).

Bei **Sammlungen für Kirchen-, Schul- oder Unterrichtsgebrauch** sind auch noch solche Abänderungen zulässig, die für diese Zwecke erfoderlich sind. Sie bedürfen aber der Einwilligung des Urhebers oder seines Rechtsnachfolgers, die wie bisher als erteilt gilt, wenn dieser nicht innerhalb eines Monats nach Mitteilung der beabsichtigten Änderung ihr widerspricht (Abs. 4).

Die bisherigen Bestimmungen über die **Quellenangabe** sind zwar grundsätzlich erhalten geblieben, aber die kurze und eindeutige Form hat einer sehr langen und kasuistischen Formulierung weichen müssen (§ **63**). Das ist deshalb notwendig geworden, weil die Fälle immer mehr zunehmen, in denen Quellenangaben fehlen oder unzureichend sind (vgl. Stellungnahme des Börsenvereins des Deutschen Buchhandels zu § 63 S. 47). Das Gebot der Quellenangabe bezieht sich auf die Vervielfältigungen

1. zur Verwendung in einem Gerichts- oder Behördenverfahren (§ 45 Abs. 1),
2. für Sammlungen für Kirchen-, Schul- oder Unterrichtsgebrauch (§ 46),
3. von Schulfunksendungen (§ 47),
4. von öffentlichen Reden (§ 48),
5. von Werkteilen zur Bild- und Tonbandherstellung über Tagesereignisse durch Funk und Film oder in Zeitungen (§ 50),
6. durch Zitate (§ 51),
7. von Katalogbildern (§ 58),
8. von Werken an öffentlichen Plätzen (§ 59) und
9. in den Fällen der Zwangslizenz (§ 61).

Für die Vervielfältigung ganzer Sprachwerke oder ganzer Werke der Musik sind außer dem Urheber auch der Verlag, etwaige Kürzungen oder andere Änderungen anzugeben, es sei denn, daß die Quelle, d. h. also in diesem Fall Urheber und Verlag, von dem benutzten Werk nicht genannt noch bekannt ist (Abs. 1). Bei öffentlicher Wiedergabe eines Werkes (s. o. zu Ziffer 1, 4, 5, 8 und 9) ist die Quelle anzugeben, wenn und soweit die Verkehrssitte es erfordert: Abs. 2). Für die Fälle des § 49 (Vervielfältigung und Verbreitung einzelner Zeitungsartikel und Rundfunkkommentare) sind ähnliche und entsprechende Vorschriften erlassen (Abs. 3).

Siebenter Abschnitt

Dauer des Urheberrechts

(§§ 64 bis 69)

Der siebente Abschnitt regelt die Dauer des Urheberrechts. Bei der Beratung dieses Problems stand nur eine Entscheidung fest, daß ein ewiges Urheberrecht nicht anerkannt werden sollte. Die dahin gehende Forderung ist von der Mehrzahl der Interessenvertreter als unrealistisch abgelehnt worden. Sie verbietet sich aus praktischen Gründen wegen der internationalen Rechtszersplitterung und der Schwierigkeit der Erbenfeststellung. Sie ist auch innerlich nicht berechtigt. Ihre Vertreter sind in dem grundsätzlichen Irrtum der Gleichheit der geistigen Schöpfungen und der Sachgüter befangen.

Noch im UAUrh. wollte man es bei der Schutzdauer von 50 Jahren belassen. Erst im RA (Prot. 31, 25 ff.) ist der Antrag einer Verlängerung auf 70 Jahre, allerdings dann einstimmig, angenommen worden. Die Gründe liegen in der heute gestiegenen durchschnittlichen Lebenserwartung und in der Tatsache, daß sich die Fälle in letzter Zeit gehäuft haben, in denen bei Ablauf von 50 Jahren nach dem Tode des Urhebers noch nahe Angehörige desselben leben. Ihnen sollen die Einkünfte und die Nutzungen seiner Werke billigerweise nicht entzogen werden (so Schriftlicher Bericht des RA zu § 67 RegE). Zwischen Anträgen, die auf eine Verlängerung auf 60 und auf 80 Jahre abzielten, ist man dann auf 70 Jahre gelangt (**§ 64**). In der Begründung zum RegE ist darauf hingewiesen worden, daß die Verlängerung der Schutzfrist über 50 Jahre hinaus auf der Tagesordnung der nächsten im Jahre 1967 stattfindenden internationalen Konferenz zur Revision der RBÜ stehe und es sich daher empfehle, das Ergebnis abzuwarten. Dafür hätte schon der Umstand gesprochen, daß mit einer gewissen Wahrscheinlichkeit ein Beschluß auf Verlängerung der Schutzfrist auf 60 Jahre erwartet werden darf. Nun ist die deutsche Gesetzgebung allein vorgeprellt und hat die wünschenswerte Rechtseinheit gefährdet, denn in Zukunft könnte keine Herabsetzung, sondern nur eine Heraufsetzung in Frage kommen. Allerdings ist zuzugeben, daß ein Aufschub der allerseits befürworteten Verlängerung diejenigen Erben von Autoren benachteiligt hätte, deren Schutzfrist in der Zwischenzeit ablaufen würde, aber man hätte ja auch mit einer Verlängerung auf 60 Jahre einen vorläufigen Mittelweg gehen können. Zur Erhaltung der Rechte der Erben sind im § 143 die §§ 64 bis 67 und 69 bereits am Tage nach der am 16. September 1965 erfolgten Verkündung des Gesetzes in Kraft getreten. Für die Erweiterung der Geltungsdauer der laufenden Verlagsverträge sei in diesem Zusammenhang auf § 137 verwiesen.

§ 64 entspricht abgesehen von der Schutzdauer und der Regelung für nachgelassene Werke den §§ 29 LitUG und 25 KSchG. Die frühere gesetzliche Vermutung, daß das Urheberrecht an einem Werke, das innerhalb der Schutzdauer nicht veröffentlicht worden ist, dem Eigentümer des Werkes zustehe (§ 29 Satz 2 LitUG) und die Sonderbestimmung des § 25 Abs. 2 KSchG sind gestrichen. An ihre Stelle tritt eine klare Fassung: An Werken, die zu Lebzeiten des Urhebers veröffentlicht worden sind, erlischt das Urheberrecht 70 Jahre nach dem Tode des Urhebers. An Werken, die nach 60 Jahren, aber vor Ablauf von 70 Jahren nach dem Tode des Urhebers veröffentlicht worden sind, erlischt das Urheberrecht erst 10 Jahre nach der Veröffentlichung.

Die Bestimmung des **§ 65** für die Schutzdauer der Urheberrechte von **Miturhebern** entspricht §§ 30 LUG, 27 KUG, die des **§ 66,** der die **anonymen und pseudonymen Werke** betrifft, im wesentlichen § 31 LitUG. Wie bisher werden die Werke der bildenden Künste davon nicht berührt (§ 55 Abs. 4). Ebenso stimmen **§ 67** hinsichtlich der Berechnung der Schutzdauer bei **Lieferungswerken grundsätzlich** mit den §§ 33 Abs. 2 LitUG, 28 Abs. 2 KSchG und **§ 69** hinsichtlich des Beginns aller **Fristen** mit den §§ 34 LitUG, 29 KSchG überein. § 69 ist auch bei der Berechnung der Fristen der Verwandten Schutzrechte anzuwenden, siehe §§ 70 Abs. 3, 71 Abs. 3, 82, 85 Abs. 2 und 87 Abs. 2.

Für **Lichtbildwerke** ist eine besondere Regelung im **§ 68** vorgesehen. Die Kürzung der Schutzdauer auf 25 Jahre nach dem Erscheinen des Werkes bzw. nach der Herstellung, wenn das Werk innerhalb einer Frist nicht erschienen ist, beruht mehr auf negativen Gründen. Das Gesetz unterscheidet zwischen Lichtbildwerken, die nach § 2 Abs. 1 Ziff. 5 zu den geschützten Werken der Künste gehören, und Lichtbildern, die keine Kunstschöpfungen sind, auf die aber nach § 72 die für Lichtbildwerke geltenden Vorschriften des Ersten Teiles (§§ 1 bis 69) sinngemäß anzuwenden sind. So sind zwei verschiedene Schutzobjekte unter den selben Rechten vereint. Weiteres hierzu wird bei der Besprechung des § 72 zu bemerken sein.

Zweiter Teil

Verwandte Schutzrechte

(§§ 70 bis 87)

Der Zweite Teil des Urheberrechtes behandelt unter dem Titel „Verwandte Schutzrechte" in fünf Abschnitten katalogmäßig den Schutz derjenigen Werke, die nach dem Willen des Gesetzes nicht den umfassenden Schutz der im § 2 aufgezählten Werke genießen, sondern als ähnliche, nicht schöpferische Leistungen einer besonderen Regelung unterworfen werden. Damit ist eine Ergänzung und Erweiterung dieser Schutzrechte im Wege der Auslegung und Analogie ausgeschlossen. Das spielt eine besondere Rolle für zwei Tatbestände. Entsprechend dem Vorschlag, den der Börsenverein des Deutschen Buchhandels zu § 8 gemacht hat, nämlich die Arbeit des Herausgebers eines Gemeinschaftswerkes als persönliche geistige Schöpfung zu werten und damit zu schützen, lag auch ein Antrag vor (siehe Stellungnahme des BDB S. 57) auf Einfügung einer Sondervorschrift zwecks Erweiterung der Leistungsschutzrechte zugunsten der Herausgeber von Sammelwerken und Werkverbindungen (§§ 4 und 9). Er ist abgelehnt worden (siehe UAUrh. Prot. 13/8), ohne daß aus den Materialien eine Begründung ersichtlich ist; sie beruhte sicherlich auf denselben rechtlichen Erwägungen, aus denen schon der frühere oben genannte Antrag zu Fall gekommen ist (siehe oben zu § 8). Dasselbe Schicksal hat ein Vorschlag des Musikverlegerverbandes erlitten, ein Leistungsschutzrecht für lediglich verliehenes sog. reversgebundenes Notenmaterial vorzusehen (siehe UAUrh. Prot. 13/8; Schriftlicher Bericht des RA S. 13). Bei der 3. Lesung des Gesetzes hat der Abg. B e s o l d (BT 187. Sitzung am 25. Mai 1965 S. 9431 B = UFITA Bd. 46 [1966] S. 230 f.) noch einen dahingehenden Vorstoß unternommen. Zumal in den deutschen Musikverlagen werden die modernen Musikwerke handschriftlich hergestellt und dann an die großen Orchester verliehen. Die Herstellungskosten bewegen sich nach den Ausführungen Besolds in einer Größenordnung zwischen DM 10 000.— bis 100 000.—, die durch die Leihkosten nicht gedeckt werden können. Um einen Ausgleich zu schaffen, sollte nun der Leistungsschutz auf den Notenmaterialverleih ausgedehnt werden. Die wirtschaftlichen Gründe sind durchaus beachtlich, aber für diese Konstruktion ist im Urheberrechtsgesetz kein Raum. Vielleicht kann die Technik in der Zukunft andere Wege weisen.

Schließlich sei noch erwähnt, daß einem Antrag des Börsenvereins des Deutschen Buchhandels auf Einfügung einer Kollisionsnorm, die den Vorrang des Urheberrechts vor den Leistungsschutzrechten eindeutig klarstellen sollte, nicht stattgegeben worden ist. Die erstrebte Bestimmung ist auch überflüssig, da der gesamte systematische Aufbau des Gesetzes die Ungleichartigkeit beider Rechte und die Prävalenz des Urheberrechtes genügend zum Ausdruck bringt. Überdies ist durch den Beitritt der Bundesrepublik zu dem in Rom am 26. Oktober 1961 geschlossenen **Internationalen Abkommen über den Schutz der ausübenden Künstler, der Hersteller von Tonträgern und der Sendeunternehmen** (vgl. Gesetz vom 15. September 1965, BGBl II S. 1243 = UFITA Bd. 45 [1965] S. 154) Art. 1 des Abkommens deutsches Gesetz geworden. Er besagt:

„Der durch dieses Abkommen vorgesehene Schutz läßt den Schutz der Urheberrechte an Werken der Literatur und der Kunst unberührt und beeinträchtigt ihn in keiner Weise. Daher kann keine Bestimmung dieses Abkommens in einer Weise ausgelegt werden, die diesem Schutze Abbruch tut."

Deshalb war es nicht nötig, entsprechend dem Antrag des Börsenvereins des Deutschen Buchhandels (siehe Stellungnahme S. 58/59) „das Vorfahrtsrecht" der Urheber gegenüber den ausübenden Künstlern durch eine besondere Kollisionsnorm festzulegen.

Während sich die Leistungsschutzrechte der ausübenden Künstler und der Hersteller von Tonträgern bisher aus dem verunglückten § 2 Abs. 2 LitUG ergaben und rechtlicher Charakter und Umfang nach der Stellung dieser Vorschrift mitten im LitUG zu falschen Schlußfolgerungen führen konnten, ist dies durch die Abgrenzung des Ersten Teils, der das „Urheberrecht" betrifft, vom Zweiten Teil, der die „Verwandten Schutzrechte" aufzählt und behandelt, und durch die Schaffung des Vierten Teils, der die „Gemeinsamen Bestimmungen für Urheberrecht und verwandte Schutzrechte" enthält, nicht mehr möglich. Auch die zur Begründung der Notwendigkeit einer Kollisionsnorm zitierte Entscheidung des Bundesgerichtshofes über die Einblendung von Schallplattenmusik in Spielfilmen (GRUR 1962, 370 = UFITA Bd. 37 [1962] S. 212) ist heute überholt, da es in diesem Urteil um das erwähnte fiktive Bearbeiterurheberrecht des § 2 Abs. 2 LitUG ging, das nicht nur in seiner Formulierung, sondern auch im Grundsatz aufgehoben worden ist. Zwischen Urheberrecht und verwandtem Schutzrecht, zwischen Schöpfung und Leistung besteht jetzt eine reinliche Scheidung, die noch durch den schon oben erwähnten Beitritt der Bundesrepublik zu dem Internationalen Abkommen vom 26. Oktober 1961 unterstrichen wird.

Im einzelnen:

§ 70, durch den der **Schutz wissenschaftlicher Ausgaben** urheberrechtlich nicht geschützter Werke oder Texte neu in das Gesetz aufgenommen worden ist, füllt eine vor allem für den Bereich der Literaturgeschichte und der Musikwissenschaft sehr empfindliche Lücke aus. Der Schutz hat zwei Voraussetzungen. Die Ausgabe muß das Ergebnis wissenschaftlich sichtender Tätigkeit darstellen, sie darf sich z. B. bei der Entdeckung mittelalterlicher Musikhandschriften nicht in der Auffindung oder in der Übertragung auf das moderne Notenbild oder in Takteinteilungen erschöpfen. Erstreckt sich die „Sichtung" auf die Textkritik, die Echtheit des Textes, auf ihre Richtigkeit und auf Interpolation, so ist der Schutz gegeben, wenn auch die zweite Voraussetzung erfüllt ist, daß sich die Ausgabe wesentlich von den bisher bekannten Ausgaben der Werke oder Texte unterscheidet. Damit hat die wissenschaftliche editio princeps als Leistung ihren verdienten Schutz erhalten. Schließt sich daran eine Bearbeitung, eine Übersetzung, die Einrichtung zwecks gesanglicher oder instrumentaler Aufführung, so tritt der urheberrechtliche Schutz ein. Das Recht steht dem Verfasser der Ausgabe zu und erlischt 10 Jahre nach dem Erscheinen der Ausgabe, jedoch bereits 10 Jahre nach der Herstellung, wenn die Ausgabe innerhalb dieser Frist nicht erschienen ist. Wegen der Anwendung auf Ausländer und Staatenlose vgl. § 124.

Ein völlig anderer Tatbestand liegt **§ 71** mit der Regelung von **Ausgaben nachgelassener Werke** zugrunde. Er betrifft W e r k e, d i e n o c h n i c h t e r s c h i e n e n sind und an denen das U r h e b e r r e c h t e r l o s c h e n ist oder n i e m a l s b e s t a n d e n hat. Dem Herausgeber solcher Werke werden die Verwertungsrechte (Vervielfältigung, Verbreitung und öffentliche Wiedergabe) zugesprochen, er kann sie weiter übertragen. Daraus ergeben sich zwei Folgerungen: Der Schutz betrifft nicht nur wissenschaftliche Ausgaben, sondern alle noch nicht erschienenen Werke, gleichviel ob sie bisher überhaupt unbekannt oder wie Märchen, Volkslieder u. dgl. durch den Volksmund überliefert waren. Die Herausgabe ist keine geistige Schöpfung aber eine schutzwürdige Leistung, die das Recht der Vervielfältigung, Verbreitung und öffentlichen Wiedergabe nach sich zieht. Da es kein Urheberrecht ist, ist es (im Gegensatz zu § 29) übertragbar und unterliegt einer kürzeren, 10jährigen Dauer. Auf die Schutzrechte der §§ 70 und 71 sind für den Fall der Einräumung eines Verfilmungsrechtes die Bestimmungen über die Verfilmung (§ 88 Abs. 3) entsprechend anzuwenden.

Bei der Regelung von **Lichtbildern** und **Lichtbildwerken (§§ 72, 68 und 2 Abs. 1 Ziff. 5)** haben die Dogmatik und Systematik vor der Praktibilität kapituliert. Die Lichtbildwerke erscheinen zwar im Katalog der persönlichen geistigen Schöpfungen, erleiden aber eine deminutio durch die Verkürzung der Schutzdauer auf 25 Jahre (siehe oben zu § 68). Die Lichtbilder, das sind Erzeugnisse, die durch denselben technischen Vorgang entstehen ohne die Zutat einer persönlichen geistigen Schöpfung, die sich also in dem technischen Vorgang des Schnappschusses erschöpfen, zählen zu den verwandten Schutzrechten; auf sie sind trotzdem die für die Lichtbildwerke geltenden Vorschriften des Ersten Teils sinngemäß anzuwenden. Auch für sie gilt die Schutzdauer von 25 Jahren nach § 68. In der Begründung des RegE zu § 2 wird die bisherige Rechtslage kritisiert. Bisher wurden unter den in den §§ 1 und 3 KSchG genannten „Werken der Photographie" alle Erzeugnisse der Photographie verstanden, gleichgültig ob sie eine persönliche geistige Schöpfung darstellten oder nicht, wie die meisten Amateuraufnahmen. Hierzu heißt es (S. 37 = UFITA Bd. 45 [1965] S. 251):

> „Der Entwurf übernimmt diese systemwidrige Ausweitung des Urheberrechtsschutzes auf bloße technische Erzeugnisse nicht; er beschränkt den Urheberrechtsschutz auf die Lichtbildw e r k e und gewährt den nichtschöpferischen Erzeugnissen der Photographie (Lichtbildern) lediglich einen Leistungsschutz, der in § 82 geregelt ist. Bei der Ausgestaltung des Lichtbildschutzes war allerdings zu berücksichtigen, daß die Abgrenzung zwischen Lichtbildwerken und Lichtbildern in der Praxis außerordentliche Schwierigkeiten bereiten würde. Um diese zu vermeiden, sieht der Entwurf — insoweit wieder in Übereinstimmung mit dem geltenden Recht — für Lichtbildwerke und Lichtbilder einen nach Umfang und Dauer völlig gleichen Schutz vor."

Wenn Lichtbildwerken und Lichtbildern ein nach Umfang und Dauer völlig gleicher Schutz zuteil wird, so wird dadurch auf Umwegen die kritisierte systemwidrige Ausweitung doch wieder hergestellt. In Ergänzung der oben wiedergegebenen Ausführungen wird die Regelung nochmals im RegE zu § 82 (S. 89 = UFITA Bd. 45 [1965] S. 306) wie folgt verteidigt:

> „Der Entwurf hält daher im Ergebnis an der Regelung des geltenden Rechts fest, zumal sie bisher — soweit ersichtlich — zu keinen Mißständen geführt hat und eine gewisse Angleichung des Lichtbildschutzes an die übrigen Leistungsschutzrechte durch die für Lichtbildwerke und Lichtbilder gleichermaßen geltende kurze Schutzfrist von 25 Jahren erreicht wird."

Hiernach soll mithin keine Änderung stattfinden, und es fragt sich, ob die Trennung in Lichtbildwerke und Lichtbilder eigentlich systemgemäß oder systemwidrig ist. Systemgemäß sind sicherlich die Beschränkung des Urheberrechtsschutzes auf die Lichtbildwerke und die Zuerkennung eines bloßen Leistungsschutzes zugunsten der nichtschöpferischen Erzeugnisse der Photographie. Systemwidrig ist nach wie vor die Gleichbehandlung der beiden Lichtbildarten, denn das Gesetz will, wenigstens nach den Worten des Entwurfs, im Ergebnis an der Regelung des früheren Rechts festhalten. Das würde eine rein äußerliche und daher überflüssige Trennung der schöpferischen und mechanischen Leistung heißen und dazu führen, daß man im Vordersatz, nämlich in der Überschrift zu § 72, den Grundsatz vertritt, daß Lichtbildwerke und Lichtbilder verschiedene Objekte sind, und im Nachsatz im § 72 Abs. 1, daß beide Werke und Leistungen gleich sind. Welcher Satz soll gelten? a = b oder a nicht = b?

Zwei Gründe sprechen für die unterschiedliche Behandlung.

a) Das Urheberrechtsgesetz umfaßt im Zweiten Teil die sog. verwandten Schutzrechte, zu denen nach § 72 der Schutz der Lichtbilder gezählt wird. Zum Wesen der verwandten Schutzrechte gehört, daß sie Leistungen schützen, die nicht schöpferisch sind, jedoch den persönlichen geistigen Leistungen ähnlich und verwandt sind, ihnen inhaltlich nahe stehen, sie jedoch im Kern nicht erreichen.

Daher ihre gesonderte Stellung im Gesetz, ihre „systematisch eindeutige Abgrenzung zum Urheberrecht“ (siehe Begründung des RegE zu Teil II = UFITA Bd. 45 [1965] S. 304).

b) Wegen ihres Wesensunterschiedes können die Leistungsschutzrechte weder nach Art noch nach Umfang, Inhalt und Dauer denselben Schutz genießen wie die im § 2 aufgezählten Werke. Das kommt in allen Fällen des Zweiten Teiles zum Ausdruck. Auch nach § 72 sind für die Lichtbilder die Vorschriften des ersten Teiles nicht schlechthin, sondern sinngemäß anzuwenden. Diese Formulierung kehrt bei den einzelnen Leistungsschutzrechten immer wieder. Eine große Anzahl der Vorschriften des Ersten Teils soll bei den Ausgaben nachgelassener Werke sinngemäß gelten (§ 70) und die Bestimmungen des Sechsten Abschnittes des Ersten Teils über die Schranken des Urheberrechts (§§ 45 bis 62) sind bei der Auslegung der bis ins einzelne festgelegten Rechte und Pflichten der ausübenden Künstler (§ 84), der Hersteller von Tonträgern (§ 85 Abs. 3) und der Sendeunternehmen (§ 87 Abs. 3) ebenfalls sinngemäß anzuwenden. Damit wird zwar das Vorliegen eines rechtsähnlichen Tatbestandes, die Ähnlichkeit dieser Leistungen mit den schöpferischen

Werken, aber in gleichem Maße der Unterschied zu ihnen betont. Zu bemerken ist, daß die „sinngemäße" Anwendung nach der allgemeinen Terminologie der Auslegung noch freieren Spielraum gewährt als die „entsprechende", die nach § 70 für die wissenschaftlichen Ausgaben urheberrechtlich nicht geschützter Werke oder Texte geboten ist.

Die Folge dieser Überlegungen ist, daß die Angleichung des Lichtbildschutzes an die übrigen Leistungsschutzrechte nicht durch die kurze Schutzfrist von 25 Jahren erreicht wird, sondern sich auch in der unterschiedlichen Ausgestaltung des Rechtes des Lichtbildners im Vergleich zu den Rechten des Schöpfers des Lichtbildwerkes auswirkt. Überall da, wo die für Lichtbildwerke geltenden Vorschriften des Ersten Teiles essentiale und nur für die Werkschöpfer bestimmte Rechte betreffen, können diese Rechte nicht gleichfalls für die Lichtbildner i. S. des § 72 angewandt werden. Das gilt beispielsweise für das Urheberpersönlichkeitsrecht, die Übertragung und das Rückrufrecht. Anstelle der Urheberrechte treten die allgemeinen bürgerlich-rechtlichen Grundsätze, insbesondere die, die für das Eigentum und den Besitz gelten, die sich aus § 826 BGB und aus § 1 UnlWG ergeben, das allgemeine Persönlichkeitsrecht und gegebenenfalls die nicht aufgehobenen Bestimmungen über den Bildnisschutz KSchG (siehe § 141 Ziff. 5 UG). Es wird also in manchen Fällen nicht zu umgehen sein, die Abgrenzung zwischen Lichtbildwerk und Lichtbild, die der Gesetzgeber gerade vermeiden wollte, vorzunehmen [26]); daß sich dabei unüberwindliche Schwierigkeiten ergeben müßten, ist nicht anzunehmen. Die Unterscheidung zwischen Kunstwerk und Geschmacksmuster, die auf derselben Ebene liegt, ist bisher auch möglich gewesen. Wenn in solchen Fällen der sog. ästhetische Überschuß festgestellt werden konnte, so wird auch das schöpferische Element bei Lichtbildwerken erkennbar sein.

Die in den **§§ 73 bis 84** geregelten **Leistungsschutzrechte der ausübenden Künstler** sind das Ergebnis der Rechtsprechung des Bundesgerichtshofes [27]). Die völlig veraltete Konstruktion des § 2 LitUG, die durch die Urteile des Bundesgerichtshofes praktisch schon überwunden war, ist durch eine den modernen Ansprüchen der ausübenden Künstler gemäße Systematik ersetzt. Damit ist eine klare

---

[26]) Siehe hierzu Blenckertz „Der Schutz der Fotografie". Frankf. Diss. 1965.

[27]) BGHZ 33,1 = GRUR 1960, 619 = UFITA Bd. 32 (1960) S. 200 — Schallplatten; BGHZ/33,20 = GRUR 1960, 614 = UFITA Bd. 32 (1960) S. 223 — Figaros Hochzeit; BGHZ 33,38 = GRUR 1960, 627 = UFITA Bd. 32 (1960) S. 243 — Künstlerlizenz; BGHZ 33,48 = GRUR 1960, 630 = UFITA Bd. 32 (1960) S. 236 — Orchester Graunke.

Grenze zwischen schöpferischen und nachschaffenden Künstlern gezogen.

Ausübender Künstler i. S. des neuen Gesetzes ist nach **§ 73**, wer ein Werk vorträgt oder aufführt oder bei dem Vortrag oder der Aufführung eines Werkes künstlerisch mitwirkt. Das stimmt mit der Definition im Art. 3 des oben erwähnten Internationalen Abkommens vom 16. Oktober 1961 überein, der unter ausübenden Künstlern

> „Die Schauspieler, Sänger, Musiker, Tänzer und andere Personen, die Werke der Literatur oder der Kunst aufführen, singen, vortragen, vorlesen, spielen oder auf irgendeine andere Weise darbieten"

versteht. In subjektiver Beziehung bedeutet es, daß — außer den im Art. 3 ausdrücklich genannten — alle, die bei einer Aufführung künstlerisch beteiligt sind, m. a. W.: daß die Regisseure, Kapellmeister und auch die einzelnen Orchester- oder Chormitglieder betroffen, jedoch die Techniker und Artisten, deren Leistungen nicht auf dem Gebiete der Literatur, Wissenschaft und Kunst liegen, ausgeschlossen sind. In objektiver Beziehung erstreckt sich der Schutz auch auf die Darbietungen von Werken, die nicht oder nicht mehr urheberrechtlich geschützt sind.

Die Leistungsschutzrechte sind verschieden gestaltet, je nachdem es sich um unmittelbare **öffentliche Wahrnehmbarmachungen** der Darbietung des Künstlers durch Bildschirm, Lautsprecher oder ähnliche technische Einrichtungen **(§ 74)**, um **Aufnahme und Bild- oder Tonträger und deren Vervielfältigung (§ 75)**, um **Funksendungen (§ 76 Abs. 1)**, oder um die **Benutzung der Bild- oder Tonträger und der Funksendung (§§ 76 Abs. 2, 77)** handelt.

In den ersten drei Fällen hat der ausübende Künstler ebenso wie der Urheber das ausschließliche Recht, die Verwertung zu erlauben oder zu verbieten, ein Recht, das er stets behält **(§ 78)**, selbst wenn er seine Rechte aus §§ 74 bis 77 an Dritte abgetreten hat. Bei der Bildschirm- und Lautsprecherübertragung (§ 74), finden wir dieselbe ausweitende Bestimmung wie im § 19 Abs. 3 im Gegensatz zu § 37 Abs. 4. Hier gilt das gleiche, was bei diesen Vorschriften schon ausgeführt ist. Die abzuschließenden Verträge müssen in diesen Fällen den erforderlichen Ausgleich bringen. Eine Ausnahme vom Ausschließlichkeitsrecht gilt, wenn die Darbietung des ausübenden Künstlers von einem Unternehmen (Bühnenunternehmen, Konzertdirektion oder ähnliche Institutionen) veranstaltet wird. In den Fällen der §§ 74, 75 und 76 Abs. 1 bedarf es nach **§ 81** neben der Einwilligung des ausübenden Künstlers auch der Einwilligung des Inhabers des Unternehmens.

In den letzteren beiden Fällen bedürfen die Funksendungen und die öffentliche Wahrnehmbarmachung mittels Bild- oder Tonträger oder Funk nicht der Einwilligung des ausübenden Künstlers, ihm steht jedoch ein Anspruch auf angemessene Vergütung zu. Hier kommt der Gegensatz zwischen Leistungsschutzrecht und Urheberrecht zum Ausdruck, denn die Bestimmungen schränken die Vorschriften des § 15 ein. Hat der ausübende Künstler seine Darbietung auf Bild- oder Tonträger aufnehmen lassen, so ist ihre Funksendung nach Erscheinen der Bild- oder Tonträger ohne seine Einwilligung zulässig (§ 76 Abs. 2), und das gleiche gilt für eine anderweitige öffentliche Wahrnehmbarmachung (§ 77), zum Beispiel in Gaststätten ungeachtet des schon oben erwähnten Anspruchs auf angemessene Vergütung. In der Begründung zum RegE (zu §§ 83 ff = UFITA Bd. 45 [1965] S. 308 ff.) werden die einzelnen Tatbestände, die getroffen werden sollen, eingehend erörtert. Es bedarf aus diesem Grunde und auch deshalb, weil die gegenseitigen Beziehungen zwischen den ausübenden Künstlern, die sich bereits zu einer Verwertungsgesellschaft zusammengeschlossen haben, den Bild- und Tonträgerherstellern und den Rundfunk- bzw. Fernsehanstalten durch einheitliche Verträge geregelt werden, keiner näheren Darlegung. Die Rechte aus den §§ 75 Satz 2, 76 und 77 entfallen bei der Mitwirkung bei den Filmwerken **(§ 92).**

Nur einiger Einzelheiten sei gedacht: Umfang und sonstige Bedingungen des **Benutzungsrechts der Arbeitgeber oder Dienstherren** an Darbietungen der im Arbeits- oder Dienstverhältnis stehenden Künstler bestimmen sich mangels besonderer Vereinbarungen nach dem Wesen des Arbeits- oder Dienstverhältnisses. **§ 79** gibt nur diese allgemeine Auslegungsregel, die den Grundsätzen entspricht, die der BGH im Figaros-Hochzeit-Urteil (BGHZ 33, 20 = UFITA Bd. 32 [1960] S. 223 insbes. zu V) aufgestellt hat und die nach **§ 80** auch für die Wahrnehmungs- und Vertretungsrechte der ausübenden Künstler bei Ensembledarbietungen (Chor-, Orchester- und Bühnenaufführungen) gelten.

Eine klare Abgrenzung der Leistungsschutzrechte der ausübenden Künstler bildet die V e r k ü r z u n g d e r S c h u t z d a u e r a u f 2 5 J a h r e nach dem Erscheinen der Darbietung auf Bild- oder Tonträger; wenn sie innerhalb dieser Frist nicht erschienen ist, so berechnet sich die Schutzdauer vom Zeitpunkt der Darbietung ab (**§ 82**; siehe auch unten S. 108).

Der sich aus dem Persönlichkeitsrecht ergebende **Schutz gegen Entstellung** steht ebenso wie dem Urheber dem ausübenden Künstler zu (**§ 83**); während § 14 den Urheber berechtigt, sich gegen Entstellung oder eine andere Beeinträchtigung seines Werkes zu wenden, die geeignet ist, seine berechtigten geistigen oder persönlichen Interessen am Werk zu gefährden, spricht § 83 dem ausübenden Künstler das Verbietungsrecht zu, wenn sein Ansehen oder sein Ruf als ausübender Künstler gefährdet erscheint. Ein wesentlicher sachlicher Unterschied zwischen den beiden Formulierungen besteht nicht. Das ergibt schon ein Vergleich mit der entsprechenden Schutzvorschrift in Art. 6 ^{bis} RBÜ (Brüssel) die, wie oben zu § 14 bemerkt, den Urheber berechtigt, sich allen Verstümmelungen oder sonstigen Änderungen zu widersetzen, „welche seiner Ehre oder seinem Ruf nachträglich sein könnten". Die BRÜ (Brüssel) benutzt mithin für den Urheberschutz gegen Entstellung genau dieselbe Fassung wie das Urheberrechtsgesetz hinsichtlich des Schutzes des ausübenden Künstler. Jedoch führt eine sinngemäße Auslegung dennoch zu gewissen Verschiedenheiten. Die Betonung der Verbundenheit von Autor und Werk einerseits und andererseits des Schutzes der Individualität des Künstlers bedeutet eine gewisse Einschränkung des droit moral des Künstlers. Sie wirkt sich beispielsweise darin aus, daß der nachschaffende Künstler kein unbedingtes Recht auf Namensnennung hat, die sogar bei Solisten, Hauptdarstellern, Dirigenten und Regisseuren in den veröffentlichten Rundfunkprogrammen häufig weggelassen wird.

Schließlich sei noch vermerkt, daß nach **§ 84** die Bestimmungen des Sechsten Abschnittes über die Schranken des Urheberrechts (§§ 45 bis 63 mit Ausnahme des § 61) sinngemäß auch für die dem ausübenden Künstler und dem Veranstalter (§ 91) zustehenden Rechte anzuwenden sind.

Sonderbestimmungen für den **Schutz deutscher ausübender Künstler im Auslande** und **ausländischer Künstler** siehe **§ 125.**

In Übereinstimmung mit dem oben zitierten Internationalen Abkommen vom 26. Oktober 1961 über den Schutz der ausübenden Künstler, der Hersteller von Tonträgern und der Sendeunternehmen werden im Vierten Abschnitt (**§§ 85 und 86**) gewisse **Rechte der Hersteller von Tonträgern** und im Fünften Abschnitt **(§ 87) der Sendeunternehmen** als Leistungsschutzrechte behandelt. Bei den Herstellern von Tonträgern besteht der Schutz in dem ausschließlichen Vervielfältigungs- und Verbreitungsrecht. Für den wohl häufigsten

Fall, daß der Tonträger in einem Unternehmen hergestellt ist, gilt der Inhaber des Unternehmens, also auch eine juristische Person, als Hersteller. Diejenigen, die die technische und manchmal auch in den künstlerischen Bereich greifende Leistung erbracht haben, stehen regelmäßig in einem Arbeits-, Dienst- oder einem anderen Vertragsverhältnis. Nach außen ist jedenfalls der Unternehmer aktiv legitimiert. Ausdrücklich wird im Gesetz hervorgehoben, daß allein durch das Kopieren, durch Vervielfältigung etwa durch Überspielen einer Schallplatte auf Tonband oder durch Mitschneiden einer durch Rundfunk gesendeten Tonaufnahme das Recht nicht entsteht (siehe Begründung des RegE zu § 95). Die Schutzdauer ist auf 25 Jahre beschränkt und ähnlich geregelt wie bei den Darbietungen der ausübenden Künstler im § 82. Bezüglich der sinngemäßen Anwendung des Sechsten Abschnittes gilt dasselbe, was schon bei § 84 bemerkt wurde.

Eine praktische Lösung bringt § 86 in bezug auf den **Vergütungsanspruch des Herstellers von Tonträgern.** Er enthält für öffentliche Wiedergabe eines Tonträgers, auf den die Darbietung eines ausübenden Künstlers aufgenommen worden ist, einen Anspruch auf angemessene Beteiligung an der Vergütung desselben, die dieser für die Funksendung oder eine anderweitige öffentliche Wiedergabe nach §§ 76 Abs. 2 und 77 hat.

Einen selbständigen Schutz gewährt das Gesetz im § 87 auch dem **Sendeunternehmen,** und zwar das ausschließliche Recht, seine Funksendung weiterzusenden (Ziff. 1), das Vervielfältigungsrecht in weitgehendem Umfang und das Recht auf öffentliche Wahrnehmbarmachung an Stellen, die der Öffentlichkeit nur gegen Zahlung eines Eintrittsgeldes zugänglich sind, womit der Wiedergabe der Fernsehsendungen in Lichtspieltheatern und sogenannten Fernsehstuben ein Riegel vorgeschoben ist (Ziff. 2 und Ziff. 3). Das entspricht den vom Bundesgerichtshof befolgten Grundsätzen, siehe BGHZ 37, 1 = UFITA Bd. 37 [1962] S. 308. Dagegen ist die Wiedergabe in Gaststätten, die ohne Eintrittsgeld zugänglich sind, zulässig. Die Vorschriften des Sechsten Abschnittes des Ersten Teils sind auch hier sinngemäß anzuwenden mit Ausnahme des § 47 Abs. 2 Satz 2 (Schulfunksendung), des § 53 Abs. 5 (Zahlungsanspruch bei Überspielen zum persönlichen Gebrauch) und des § 61 (Zwangslizenz). Siehe hierzu auch das Internationale Abkommen über den Schutz der ausübende Künstler, der Hersteller von Tonträgern und der Sendeunternehmen vom 26. Oktober 1961 und das dazu ergangene Gesetz vom 15. September 1965 (BGBl. II S. 1243 = UFITA Bd. 45 [1965] S. 154).

Dritter Teil
Besondere Bestimmungen für Filme
(§§ 88 bis 95)

In einem besonderen Dritten Teil, also nicht mehr im Rahmen der sog. verwandten Schutzrechte — aber doch mit ihnen verwandt — wird das **Filmrecht** behandelt und die Behelfslösung der §§ 12 Abs. 2 Nr. 6 LitUG und 15a KSchG durch eine andere Behelfslösung ersetzt. Schon bei der Verabschiedung des Gesetzes hat der Abg. Reischl von den außerordentlichen Schwierigkeiten der Regelung gesprochen:

> „die ganzen Urheberrechte an einem Film unter einen Hut zu bringen und daneben noch das besondere Urheberrecht des Filmherstellers in geeigneter Weise zu berücksichtigen, ohne die anderen zu beeinträchtigen, . . ."

und hinzugefügt:

> „Vielleicht steht der Gesetzgeber dann eines Tages vor der Möglichkeit, eine abschließende Regelung zu treffen."

(BT, 187. Sitzung vom 25. Mai 1965 S. 9429 = UFITA Bd. 46 [1966] S. 226 f.).

Allerdings werden wir uns vorläufig, d. h. auf viele Jahre mit dem Gesetz abfinden und Wege suchen müssen, um Schwierigkeiten zu beseitigen, soweit sie nicht von den Beteiligten auf vertraglicher Grundlage überwunden werden können. Das, was in erster Linie schon jetzt auf Kritik gestoßen ist, ist die rechtliche Charakterisierung des Filmherstellers, dem im § 94 ein Leistungsschutz eingeräumt ist. Ich vermag mich der scharfen Kritik *Roebers* („Der Film im neuen Urheberrecht" in Film und Recht Nr. 11/1965 S. 223 ff.) nicht anzuschließen. Sie beruht m. E. zum Teil auf einer zu geringen Beachtung der Dogmatik, von der das Gesetz getragen wird. Der oberste Grundsatz des Gesetzes findet sich im § 2 Abs. 2, daß nämlich Werke i. S. des Gesetzes nur persönliche geistige Schöpfungen sind. Von diesem Grundsatz kann es keine Ausnahme geben, wenn nicht das ganze Gesetzeswerk ins Wanken geraten soll. Es ist nicht „die Schreckensgestalt des Unternehmer-Urheberrechts" (Roeber, aaO. S. 232), das die Verleihung eines originären Urheberrechts an den Filmhersteller ausschließt, sondern die ausschlaggebende Tatsache, daß der Filmhersteller, um die eigenen Worte Roebers zu gebrauchen, „vorwiegend eine wirtschaftliche und organisatorische Figur des Fimschaffens" ist, wenn sie auch untrennbar dazu gehört. Diese Entscheidung mußte der Gesetzgeber fällen, ohne Überbetonung der Dogmatik. Eine Ausnahme hätte unübersehbare Konsequenzen nach sich gezogen: beim Organisator des Gemeinschaftswerkes (siehe oben zu § 9), beim Herausgeber (§ 38), in den Fällen der §§ 70 und 71 (wissenschaftliche Ausgaben und Ausgaben nachgelassener Werke) und schließlich bei der Frage des Urheberrechts einer juristischen Person. Das hätte in der Tat an den Grundfesten der urheberrechtlichen Konzeption des Gesetzes gerüttelt.

Die Frage der Rechtsstellung des Filmherstellers und der bei der Schaffung des Filmes Beteiligten hat sich nicht nur im deutschen Recht ergeben. Sie kann hier nicht weiter verfolgt, sondern es soll nur zur Begründung des nunmehr vom deutschen Urheberrechtsgesetz eingenommenen Standpunktes auf die internationale Lage verwiesen werden. Art. 2 RBÜ (Brüssel) versteht unter „Werken der Literatur und der Kunst" auch „Werke der Kinematographie und Werke, die durch ein der Kinematographie ähnliches Verfahren hergestellt sind." Nach Art. 14 Abs. 2 wird das kinematographische Werk unbeschadet der Rechte des Urhebers des adaptierten oder wiedergegebenen Werkes wie ein Originalwerk geschützt. Zu der Frage, wer aber nun eigentlich Urheber des Filmwerkes ist, nimmt die RBÜ (Brüssel) keine Stellung. Ob die für 1967 geplante Stockholmer Konferenz auch im Hinblick auf das in den Vereinigten Staaten und in England herrschende Copyright am Film ein Urheberrecht des Filmherstellers beschließen wird, ist zweifelhaft. Jedenfalls steht die deutsche Lösung zur Zeit in Übereinstimmung mit der RBÜ (Brüssel) und dem noch weitergefaßten Welturheberrechtsabkommen (vgl. hierzu *Baum* „Probleme der RBÜ" in GRUR 1963, Ausl. T., S. 351 ff., der sich für ein Leistungsschutzrecht der Tonfilmproduzenten einsetzt, das ihnen alle diejenigen Befugnisse zuspricht, die sie haben würden, wenn sie urheberrechtlich geschützt wären, und dazu erklärt: „Schließlich kommt es doch nur auf den Inhalt des Schutzes an, nicht aber auf seinen Namen" S. 360). Gegen die Vorschläge der Schwedischen Studiengruppe-BIRPI, die zugunsten der Filmhersteller ein Urheberrecht, eine cessio legis, oder eine Vermutung eines vollständigen Rechtserwerbs vorsehen, hat sich mit Recht *Schulze* sehr energisch gewandt (siehe „Die bevorstehende Revisionskonferenz in Stockholm 1967", Bd. 36 der Schriftenreihe der Internationalen Gesellschaft für Urheberrecht).

Unter F i l m e n versteht das Gesetz (§ 2 Abs. 1 Ziff. 6 „Filmwerke einschließlich der Werke, die ähnlich wie Filmwerke geschaffen werden"), die Bildfolgen und nicht die Filmstreifen oder Magnetbänder, die regelmäßig als Bild- und Tonträger, d. h. als Vorrichtungen zur wiederholten Wiedergabe von Bild- oder Tonfolgen (siehe § 16 Abs. 2) bezeichnet werden. Das bedeutet die Einbeziehung der Fernsehfilme und Live-Sendungen im Gegensatz zum Leistungsschutzrecht des Filmherstellers, das nach § 94 nur das Recht beinhaltet, den Bildträger oder Bild- und Tonträger zu verwerten.

Die **Rechte am Filmwerk** sind viergeteilt. **§ 88** stellt die Auslegungsregeln für die Verfilmungsrechte der Urheber der vorbestehenden Werke, der Romane, Dramen, Drehbücher, Schlager und Filmmusik auf. Sie gelten im Zweifel, also wenn der Nutzungsvertrag unzulänglich ist oder über einige Nutzungsrechte schweigt. Das Recht am Filmwerk selbst, das Recht der verschiedenen an der geistigen Schöpfung des Filmwerkes Beteiligten, behandelt § 89. Die Leistungsschutzrechte der Lichtbildner, der ausübenden Künstler und des Filmherstellers regeln die **§§ 91, 92 und 94.**

Wie schon eingangs dieses Abschnittes erwähnt, ist die Gesamtregelung logisch und auch praktisch tragbar. Daraus, das die §§ 88, 99 **Auslegungsregeln** geben, folgt, daß das Schwergewicht der rechtlichen Beziehungen der Urheber an vorbestehenden Werken und der an der Herstellung des Filmwerkes Beteiligten zum Filmproduzenten auf der schon bisher ausschlaggebenden vertraglichen Grundlage beruht. Ist nichts vereinbart oder ist das Abkommen lückenhaft und nicht erschöpfend, so treten die Vorschriften in Funktion. So betrachtet auch *von Hartlieb* die Folgen der neuen Rechtslage durchaus optimistisch und vertritt die Meinung, „daß sich die Filmwirtschaft mit ihren Musterverträgen bereits vor Erlaß des Urheberrechtsgesetzes auf einen Zustand eingestellt hat, der durch das Urheberrechtsgesetz nicht wesentlich geändert worden ist" (Film und Recht Nr. 12/1965 S. 246 ff.).

Abgesehen von der Wiederverfilmung erhält der Filmhersteller im Zweifel die ausschließlichen Nutzungsrechte, das Werk unverändert oder unter Bearbeitung oder Umgestaltung zur Herstellung eines Filmwerkes zu benutzen, also das eigentliche Verfilmungsrecht und die übrigen im § 15 — mit der selbstverständlichen Ausnahme von Abs. 1 Ziff. 3 (Ausstellungsrecht) — aufgezählten Rechte. Nach Ablauf von 10 Jahren nach Vertragsabschluß ist der Urheber im Zweifel berechtigt, sein Werk anderweit filmisch zu verwerten (Abs. 2).

Ein besonderes **Verfilmungsrecht** fehlt. Ich sehe auch darin im Gegensatz zu *Roeber* (aaO. S. 228) keinen Mangel des Gesetzes. Eine selbständige, in den Katalog des § 15 aufgenommene Verwertungsbefugnis hätte, wie dies bei den übrigen Verwertungsrechten in den §§ 16 bis 22 geschehen ist, ähnlich wie jetzt in der Form des § 88 erläutert werden müssen. Die Spaltung des Verfilmungsrechtes in Vervielfältigung (§ 16) und Bearbeitung (§ 23) und übrigens auch in die weiteren im § 88 Abs. 1 Ziff. 3 bis 5 genannten Befugnisse ergibt sich aus der Komplexität des Filmwerkes, das nicht nur bei der Herstellung eine Mehrzahl von Urhebern fordert, sondern auch selbst ein Werk ist, das fast alle Werkarten des § 2 in sich vereint, nämlich Sprach- und Musikwerk, Baukunst und Lichtbildwerk, Pantomime und Tanzkunst, darüber hinaus die szenische Gestaltung sowie die Darbietung der ausübenden Künstler. Daß das Vervielfältigungsrecht (Ausnahmefall der Verfilmung) „wenigstens noch ein Recht des Urhebers zur positiven Nutzung seines Werkes ist, (während) sich die Rechtsstellung des Urhebers aus dem Bearbeitungsschutz (Regelfall der Verfilmung) lediglich auf das Erfordernis seiner Einwilligung reduziert" (Roeber, aaO. S. 229), hat im Ergebnis weder einen Einfluß auf die Rechtslage des Urhebers noch auf die Befugnisse des Filmproduzenten. Die systematische Unterscheidung liegt darin, daß die Vervielfältigung, Verbreitung usw. positive Verwertungsrechte, Rechte der Verwertung des bestehenden Werkes sind, dagegen die Bearbeitung zu einer Umgestaltung nach Form und Inhalt führt und eine selbständige persönliche geistige Schöpfung eines Dritten darstellt (§ 3), m. a. W. die Bearbeitung durch einen anderen kein Verwertungsrecht des Urhebers ist. Es ist kein abgeleitetes Recht, jedoch bedarf die Verwertung des durch die Umgestaltung neu geschaffenen Werkes infolge seiner Abhängigkeit vom bearbeiteten Werk der Einwilligung durch den Urheber.

Bei den **Urhebern,** auf die der § 89 Bezug nimmt, also bei den bei der Herstellung des Filmes Mitwirkenden, ist an die Regisseure, Kameramänner, Architekten, Cutter oder andere Personen gedacht, die im Einzelfalle schöpferisch mit tätig sind. Da der Kreis nicht fest bestimmt ist, muß von Fall zu Fall über die Zugehörigkeit zu dieser Gruppe entschieden werden.

Eingeschränkt werden die Rechte nach § 88 Abs. 1 Ziff. 2 bis 5 und § 89 Abs. 1 insofern, als die Bestimmungen über das Erfordernis der Zustimmung des Urhebers zur Übertragung und Einräumung von Nutzungsrechten (§§ 34, 35) und über das Rückrufsrecht (§§ 41, 42) nicht gelten. Den Urhebern am Filmwerk (§ 89) stehen auch keine Beteiligungsansprüche nach § 36 zu (**§ 90**).

Die Lichtbildner und die ausübenden Künstler als Träger von Leistungsschutzrechten nehmen eine Sonderstellung ein. Die Rechte zur filmischen Verwertung der bei der Herstellung eines Filmwerkes entstehenden **Lichtbilder** erwirbt der Filmhersteller originär (**§ 91**). Hier besteht ein gewisser Bruch in der Konstruktion, die auf der im Gesetz durchgeführten Unterscheidung und gleichzeitigen

Identifizierung fußt (siehe oben zu § 72). Der Kameramann gehört zweifellos zu denjenigen Personen, die nach § 89 ein Urheberrecht am Filmwerk erwerben (so auch Begründung des RegE S. 98 = UFITA Bd. 45 [1965] S. 316), seine Leistungen fallen also mindestens zum Teil unter § 2 Abs. 1 Ziff. 5. Dessen ungeachtet werden sie jedoch nach § 91 als Lichtbilder und nicht als Lichtbildwerke bezeichnet, und der Lichtbildner wird rechtlich anders behandelt als seine ihm im § 89 gleichgestellten Miturheber, wie Regisseure, Architekten, Cutter u.a. Außerhalb der filmischen Verwertung verbleiben dem Lichtbildner seine Urheber- bzw. Leistungsschutzrechte.

Bei den eindeutigen **Leistungsschutzrechten der ausübenden Künstler** ist die Lösung weniger problematisch; das Gesetz bedient sich hier der negativen Form (**§ 92**). Bei Vervielfältigung ihrer Leistungen auf Bild- und Tonträger, bei Live-Sendungen oder Weitersendungen bedarf es bei der Verwertung des Filmwerkes nicht ihrer Einwilligung. Auch die Vergütungsansprüche, die ihnen nach §§ 76 Abs. 2 und 77 für die Weitersendung durch Funk und öffentliche Wiedergabe zustehen, entfallen bei der Verwertung des Filmwerkes. Im übrigen bleiben sie beispielsweise bei einer gesonderten Aufnahme auf Schallplatten oder bei Sendungen im Hörfunk bestehen.

Für alle Urheber am Filmwerk und Inhaber von verwandten Schutzrechten sind die aus den §§ 13 und 83 resultierenden Verbotsrechte beschränkt auf die **Fälle gröblicher Entstellungen** oder anderer **gröblicher Beeinträchtigungen** ihrer Werke oder Leistungen; überdies fordert **§ 93** ausdrücklich eine angemessene Rücksichtnahme aufeinander und auf den Filmhersteller. Dieser Grundsatz ist angesichts der Notwendigkeit nachträglicher Änderungen des Filmwerkes berechtigt. Abgesehen von Umgestaltungen, die — worauf die Begründung zum RegE hinweist = UFITA Bd. 45 [1965] S. 320 — auf Grund der freiwilligen Selbstkontrolle der deutschen Filmwirtschaft oder zur Anpassung des Filmwerkes an ausländische Verhältnisse erforderlich werden können, machen sich nach Fertigstellung des Streifens zuweilen auch Änderungen, Kürzungen, szenische Umstellungen u. dgl. aus künstlerischen oder technischen Gründen nötig, denen sich kein Mitwirkender ohne Gefährdung des ganzen Filmwerkes widersetzen kann. In solchen Fällen muß der Filmhersteller das Recht des Eingriffes haben und sich gegen unvernünftige, egozentrische künstlerische Anmaßungen wehren dürfen.

Im **§ 94** wird dem **Filmhersteller** das ausschließliche Recht zugesprochen, den Bildträger oder Bild- und Tonträger, auf den das Filmwerk aufgenommen ist, zu vervielfältigen, zu verbreiten und zur öffentlichen Vorführung oder Funksendung zu benutzen und das Recht, jede Entstellung oder Kürzung des Bildträgers oder Bild- und Tonträgers zu verbieten, die geeignet ist, seine berechtigten Interessen an diesem zu gefährden. Ob diese Vorschrift, wie *Roeber* und *von Hartlieb* a.a.O. übereinstimmend meinen, überflüssig ist, mag dahingestellt bleiben; unzureichend ist sie insofern, als der Filmhersteller sich alle zur Herstellung des Films nötigen Urheber- und Leistungsschutzrechte verschaffen und vertraglich sichern muß. Gesetzestechnisch ist sie notwendig, da sie dem Schutze der Rechtsstellung der Filmproduzenten dient. Wie schon in der Einleitung zum Zweiten Teil (§§ 70 ff.) bemerkt, ist die Aufzählung der Träger von Leistungsschutzrechten erschöpfend. Zwar statuiert § 85 für den Hersteller eines Tonträgers das ausschließliche Leistungsschutzrecht, den Tonträger zu vervielfältigen und zu verbreiten, ferner erwirbt der Filmhersteller nach § 91 die bei der Herstellung eines Filmwerkes entstandenen Lichtbilder, so daß man aus diesem und den ihm nach den §§ 88, 89 und 92 zufließenden Nutzungsrechten auf die rechtliche Stellung des Filmherstellers als Leistungsschutzberechtigten schließen kann und muß, doch würde eine Lücke entstanden sein, wenn die rechtliche Charakterisierung des Filmherstellers nicht ausdrücklich im Gesetz erfolgt wäre, da er ja derjenige ist, der über das gesamte Filmwerk und die daran bestehenden Rechte zu verfügen und zur Übertragung (Abs. 2) allein befugt ist. Die Hervorhebung der Rechte des Filmherstellers am Filmband ist, worauf übrigens *von Hartlieb* selbst hinweist, auch in den Fällen materiellrechtlich von Bedeutung, in denen er Auswertungsrechte am Film vergibt. Als Leistungsschutzberechtigter und Träger der Rechte aus den §§ 88 bis 92 stehen ihm auch die Unterlassungs- und Schadensersatzansprüche nach § 97 zu. Er genießt ferner den strafrechtlichen Schutz nach § 108 Ziff. 7. So ist der Filmhersteller genügend ausgerüstet, noch verstärkt durch die Vertragsabschlüsse, deren er sich schon heute bedient, um seine Rechte bei der Herstellung des Films und der Nutzung des Filmwerkes auszuüben.

Auf ein redaktionelles Versehen hat schon *Fromm* („Das neue deutsche Urheberrecht — Fortschritt und Kritik" in UFITA Bd. 45 [1965] S. 59) aufmerksam gemacht. Die Fristen für die Berechnung der Dauer der Urheberrechte beginnen nach § 69 mit dem Ablauf des Kalenderjahres, in dem das für den Beginn der Frist maßgebende Ereignis eingetreten ist. Diese Bestimmung ist nach den §§ 70, 71, 82, 85 und 87 auch für die Berechnung der Dauer der verwandten Schutzrechte anzuwenden. Im § 94 fehlt die Verweisung auf § 69 (nicht 72, wie es infolge eines Druckfehlers aaO. heißt). Diese Schlechterstellung des Filmherstellers ist sicherlich nicht beabsichtigt gewesen und läßt sich durch analoge Anwendung des § 69 vermeiden. In der Praxis wird dieser Fall wohl schwerlich vorkommen.

Eine wirkliche Schwierigkeit kann durch die sehr problematische Bestimmung des **§ 89 Abs. 2** erwachsen, die möglicherweise die Rechtslage des Filmherstellers, wenn nicht gefährden, so doch beeinträchtigen kann. Die Vorschrift soll nach der Begründung des RegE (zu § 99 S. 100 = UFITA Bd. 45 [1965] S. 319) den Filmhersteller auch im Falle einer **Vorausabtretung** des Urhebers vor der Rechtsunsicherheit schützen, die sich aus der Möglichkeit unkontrollierbarer Vorausabtretungen ergibt. Wenn nämlich ein Urheber i. S. des § 89 Abs. 1 seine dort bezeichneten Urheberrechte im voraus einem Dritten eingeräumt hat, so behält er gleichwohl stets die Befugnis, diese Rechte beschränkt oder unbeschränkt dem Filmhersteller einzuräumen. Damit ist zwar der Filmproduzent hinsichtlich der Filmherstellung gesichert, da der Filmschaffende seine Rechte ihm ungeachtet der Vorausverfügung übertragen kann, die also ihm gegenüber unwirksam ist, er bleibt aber nach wie vor bei der Filmverwertung eventuellen Verbotsansprüchen des ersten Zessionars, der regelmäßig eine Verwertungsgesellschaft sein wird, ausgesetzt. Praktisch ist dies nach der früheren Rechtslage nur bei der Filmmusik geworden. Die Aufführungsrechte der Filmmusikschaffenden liegen regelmäßig bei der GEMA, die infolge der selbständigen Verwertbarkeit des musikalischen Aufführungsrechtes Tantiemen bei den Kinotheatern in Anspruch nimmt. Darin wird sich auch in Zukunft nichts ändern, da die Komponisten nicht zu den Urhebern des Filmwerkes gehören. In rechtlicher Beziehung hat schon *Hubmann* die Frage untersucht, ob durch die Doppelverfügung über das gleiche Nutzungsrecht eine relative oder absolute Unwirksamkeit eintrete (siehe Bd. 26 der Schriftenreihe der InterGU „Das Filmrecht des deutschen Regierungsentwurfs“); er ist zu dem Ergebnis gelangt, daß man „wohl absolute Unwirksamkeit der Vorausverfügung annehmen müsse.“ Aber die Frage ist noch offen. *Adam* (Film und Recht Nr. 2/ 1962 S. 7) und auch *von Hartlieb* (Film und Recht Nr. 12/1965 S. 246) nehmen relative Unwirksamkeit der Vorausverfügung an; für deren absolute Unwirksamkeit durch die nachträgliche Neuverfügung sind neben *Hubmann*, *Heinker* (Film und Recht Nr. 4 u. 5/1966 S. 102) und *Reischl* (in einem Vortrag lt. Bericht Roebers, ebenda S. 112) eingetreten. Man wird sich dem anschließen müssen, weil die Doppelabtretung eines Rechts sinnwidrig und unlogisch ist und dem Gesetzgeber nicht unterstellt werden kann, daß er bewußt Kollisionsfälle habe schaffen wollen, die unausweichlich zu Streitigkeiten führen müßten.

Der Dritte Teil wird abgeschlossen durch **§ 95**, der die entsprechende Anwendung der §§ 88 (Auslegungsvorschrift), 90 (Einschränkung der Rechte), 91 (Rechte an Lichtbildern), 93 (Schutz gegen Entstellung) und 94 (Leistungsschutzrecht des Filmherstellers) auch auf **Laufbilder** vorschreibt. Unter Laufbildern versteht das Gesetz Bildfolgen und Bild- und Tonfolgen, die nicht als Filmwerke i. S. von § 2 Abs. 1 Ziff. 6 angesprochen werden können, weil die schöpferische Gestaltung derselben fehlt. Zwischen Filmwerk und Laufbildern besteht dasselbe Verhältnis wie zwischen Lichtbildwerk (§ 2 Abs. 1 Ziff. 6) und Lichtbild (§ 72). Als Beispiele gelten ein reiner Dokumentarfilm, die Fernsehübertragung einer Opernaufführung mit feststehender Kamera u. ä. In der obigen Aufzählung fehlt § 92, der die Rechte der ausübenden Künstler bei der Herstellung des Filmwerkes einschränkt. Diese Einschränkung soll für die Laufbilder nicht gelten. Es soll dies besonders hervorgehoben werden, weil infolge der doppelten Negierung der §§ 92 und 95 die Rechtslage leicht mißverstanden werden kann. Die Auslassung des § 92 bedeutet also eine Vergünstigung der ausübenden Künstler, ihnen verbleiben die Rechte aus den §§ 74 bis 77.

Vierter Teil

Gemeinsame Bestimmungen für Urheberrecht und verwandte Schutzrechte

(§§ 96 bis 119)

Die im Vierten Teil (**§§ 96 bis 119**) zusammengefaßten Bestimmungen behandeln im Ersten Abschnitt ein bestimmtes **Verwertungsverbot**, im Zweiten Abschnitt die bürgerlich-rechtlichen und strafrechtlichen **Vorschriften bei Rechtsverletzungen** und im Dritten Abschnitt die **Zwangsvollstreckung.** Trotz einiger neuer oder geänderter Rechtsnormen entspricht im allgemeinen das neue Gesetz der bisherigen durch die Rechtsprechung der modernen Entwicklung angepaßten Rechtslage.

Neu ist das im **§ 96** ausgesprochene **Verbot, rechtswidrig hergestellte Vervielfältigungsstücke** zu verbreiten oder zu öffentlichen Wiedergaben zu benutzen und rechtswidrig veranstaltete Funksendungen auf Bild- oder Tonträger aufzunehmen oder öffentlich wiederzugeben. Die Vorschrift dient offenbar der vorsorglichen Feststellung einer sich aus dem Gesetz ergebenden logischen Konsequenz. Auch derjenige, der das Nutzungsrecht (Verbreitung, öffentliche Wiedergabe) erworben hat, darf nicht solche Vervielfältigungsstücke benutzen, die infolge rechtswidriger Herstellung nach § 98 der Vernichtung unterliegen oder nach § 75 ohne Einwilligung des ausübenden Künstlers auf Bild- oder Tonträger aufgenommen worden sind. Damit sind alle etwaigen Zweifel behoben.

An der Spitze des Zweiten Abschnittes werden im **§ 97** die **Unterlassungs- und Schadensersatzansprüche** geregelt. Die §§ 36, 37 LitUG und 31 KSchG erfahren eine wesentliche Erweiterung dadurch, daß nicht nur dem Urheber, sondern auch dem Inhaber von verwandten Rechten die Ansprüche zustehen, und daß im 2. Absatz in gewissen Fällen der bisher in der Theorie umstrittene Anspruch auf Ersatz des immateriellen Schadens gewährt wird. Dem Verletzten stehen nunmehr fünf Ansprüche zu:

1. auf Beseitigung der Beeinträchtigung,
2. auf Unterlassung bei Wiederholungsgefahr,
3. a) auf Schadensersatz bei Vorsatz oder Fahrlässigkeit,
   b) auf Herausgabe des Gewinns anstelle des Schadensersatzes und Rechnungslegung über diesen Gewinn (zu 1 bis 3 gem. Abs. 1).
4. auf Geldentschädigung wegen des Schadens, der nicht Vermögensschaden ist (gemäß Abs. 2) und
5. aus anderen gesetzlichen Vorschriften (gemäß Abs. 3).

Der Inhalt der Ansprüche ergibt sich aus den allgemeinen bürgerlich-rechtlichen Bestimmungen. Voraussetzung der Ansprüche ist die widerrechtliche Verletzung eines der im Urheberrechtsgesetz geschützten Rechte. Der Anspruch auf Beseitigung der Beeinträchtigung ist kein Schadensersatzanspruch, er entspricht vielmehr dem Abwehranspruch des § 1004 BGB, dessen Grundsätze auch hier anzuwenden sind; Art und Umfang des Schadensersatzanspruchs ergeben sich aus § 249 BGB: Beseitigung der Entstellung, Namensnennung, Widerruf, Berichtigung und Kostentragung seitens des Verletzers. Im übrigen dienen auch die Bestimmungen der **§§ 98 und 99** diesem Ziel.

Besonders hervorgehoben sind die Ansprüche auf Unterlassung und auf Schadensersatz. Beim Unterlassungsanspruch wird die Voraussetzung des Bestehens der Wiederholungsgefahr ausdrücklich erwähnt. Das steht im Widerspruch zu der sonst üblichen Formulierung, z. B. in § 47 PatG, § 15 GebrMG und § 24 WZG, und ist auch überflüssig, da der Grundsatz, daß der Unterlassungsanspruch die begründete Besorgnis weiterer ernster Störungen, also die Wiederholungsgefahr, voraussetzt, seit eh und je eherner Bestandteil der Rechtsprechung ist — siehe schon RGZ 84, 146 — und ebensolange in der Literatur anerkannt wird. Aus diesen Gründen sind beispielsweise mit Recht die vorbeugende Unterlassungsklage und der Anspruch auf Auskunfterteilung nicht besonders aufgeführt. Wiederum werden die weiteren Ansprüche des Verletzten auf Herausgabe des Gewinns anstelle des Schadensersatzes und auf Rechnungslegung, die ebenso als Gewohnheitsrecht durch die Rechtsprechung gesichert sind, im Gesetz aufgezählt. Für den Bereich des Urheberrechts hat das Reichsgericht bereits in der Entscheidung RGZ 35, 63 den vom Verletzer erzielten Gewinn als zu ersetzenden Schaden angesehen; vgl. die fortlaufende Rechtsprechung, zusammengefaßt vom Bundesgerichtshof in GRUR 1962, 401. Der Anspruch auf Rechnungslegung beruht ebenfalls auf einem jahrzehntelangen Gewohnheitsrecht (vgl. RGZ 46, 40 und das zuletzt genannte höchstrichterliche Urteil).

Einer positiv gesetzlichen Regelung bedurfte es allerdings bei der Bejahung des **Anspruchs auf immateriellen Schaden,** denn er ist ungeachtet der Rechtsprechung des Bundesgerichtshofs im Herrenreiter-Urteil (BGHZ 26, 239 = UFITA Bd. 25 [1958] S. 452), im Catarina-Valente-Urteil (BGHZ 30, 7 = UFITA Bd. 29 [1959] S. 98) und trotz der Abschwächung in den Entscheidungen GRUR 1962, 105 = UFITA Bd. 35 [1961] S. 364 (Ginsengwurzel) und GRUR 1962, 108 = UFITA Bd. 36 [1962] S. 236 (Waffenhandel) bis in die Gegenwart stark bekämpft worden. Die Angriffe, die sich in erster Linie gegen die ausweitende Interpretation durch den Bundesgerichtshof gerichtet haben, sind durch die positive Gesetzesbestimmung überholt [28]).

Der Börsenverein des Deutschen Buchhandels hat in seiner „Stellungnahme" eindringlich vor der Einführung eines gesetzlich normierten Schadensersatzanspruches wegen immateriellen Schadens gewarnt (s. S. 63) und eine Flut derartiger Schadensersatzansprüche vorausgesagt, die für das Rechtsleben und das Verlagswesen untragbar sind. Die zwei angeführten Beispiele aus der Praxis sind sehr aufschlußreich und sollen deshalb hier wiedergegeben werden:

„In einem Lexikon wurde der latinisierte Name einer bekannten Persönlichkeit versehentlich als Pseudonym bezeichnet, während es sich tatsächlich um kein Pseudonym handelte. Wegen dieser ‚Persönlichkeitsrechtsverletzung' wurden als Schadensersatz von dem Lexikon-Verleger DM 50 000 verlangt.

In einem anderen Falle wurde der Name eines unbekannten Schriftstellers durch einen ausländischen Übersetzungsverleger

[28]) Vgl. die Zusammenstellung der Lehrmeinungen und die dogmatischen sowie methodischen Bedenken de lege lata bei Hartmann „Persönlichkeitsrecht und Schmerzensgeld" in NJW 1962, 12, die im Schlußsatz gipfelt: „Um so dringender tut Abhilfe durch den Gesetzgeber not."

unrichtig angegeben. In diesem Fall wurde ein ‚Schmerzensgeld' von ‚vorläufig' DM 15 000 gefordert."

Der Wortlaut des Gesetzes schränkt den Anspruch in doppelter Beziehung ein: Dem Verletzer muß Vorsatz oder Fahrlässigkeit zur Last fallen und die Geldentschädigung kann nur verlangt werden, wenn und soweit es der Billigkeit entspricht. Damit sind gewisse Grenzen abgesteckt, die eine Kommerzialisierung des Persönlichkeitsrechtes verhindern oder erschweren. Auch der Entwurf eines Gesetzes zur Neuordnung des zivilrechtlichen Persönlichkeits- und Ehrenschutzes (vgl. BT-Drucksache 1237 vom 18. August 1959 = UFITA Bd. 29 [1959] S. 39), der im wesentlichen der Rechtsprechung entsprach, mußte allgemeine Begriffe in den Tatbestand einführen: Angemessene Entschädigung, Genugtuung für die erlittene Unbill, Wegfall des Entschädigungsanspruches, wenn Genugtuung in anderer Weise als durch Geld, z. B. durch Berichtigung oder Widerruf geleistet wird, oder wenn es sich nur um eine unerhebliche Verletzung handelt; hierzu treten noch die vom Bundesgerichtshof geforderte Berücksichtigung der allgemeinen Interessen und der Gedanke größtmöglicher Schonung des Betroffenen bei der Abwägung widerstreitender Interessen (so schon BGHZ 3, 270 — Constanze I — und ständige Rechtssprechung bis zu dem oben bereits zitierten Waffenhandels-Urteil). Legt man alle diese Erwägungen zugrunde, so kann die Generalklausel der Billigkeit sehr wohl zu einer befriedigenden Rechtssprechung führen. Ebenso wie die Rechtsprechung über den Einfluß von Treu und Glauben und über Verstöße gegen die guten Sitten keine unerträgliche Unsicherheit gebracht hat, so ist dies auch von der zukünftigen Rechtsprechung zu § 97 Abs. 2 nicht zu befürchten, da nur bei erheblichen, ehrenrührigen, die Persönlichkeit in ihrem Kern berührenden Verletzungen Ersatzansprüche wegen immateriellen Schadens zuzuerkennen sein werden, während Tatbestände unberücksichtigt bleiben müssen, die zwar die Sphäre der einzelnen Persönlichkeit berühren, aber im menschlichen Zusammenleben hinzunehmen sind. In diesem Sinne werden auch die oben angegebenen Fälle zu entscheiden sein, in denen die Höhe des Schadensersatzes m. E. jedes vernünftige Maß übersteigt.

Das Gesetz erfaßt als Anspruchsberechtigte nicht nur die Urheber, sondern auch die Verfasser wissenschaftlicher Ausgaben (§ 70), Lichtbildner (§ 72) und die ausübenden Künstler (§ 73). Im Absatz 3 ist besonders vermerkt, daß Ansprüche aus anderen gesetzlichen Vorschriften unberührt bleiben. Das bezieht sich vor allem auf Ansprüche aus ungerechtfertigter Bereicherung und auf Auskunftserteilung.

Der Anspruch auf Ersatz des Schadens, der nicht Vermögensschaden ist, ist nicht übertragbar, es sei denn, daß er durch Vertrag anerkannt oder daß er rechtshängig geworden ist, er kann im Gegensatz zu § 847 Abs. 1 BGB, der die Vererblichkeit ausschließt, auf die Erben übergehen, da auch das Urheberrecht nach § 28 Abs. 1 vererblich ist. Der Ausschluß der Übertragbarkeit hat zur Folge, daß der Anspruch auch nicht pfändbar (§ 851 ZPO), nicht verpfändbar (§ 1273 Abs. 2 BGB) und nicht aufrechenbar (§ 394 BGB) ist.

Die **Ansprüche auf Vernichtung und ähnliche Maßnahmen (§ 98)** und **auf Überlassung (§ 99)** werden fast durchweg ebenso geregelt wie bisher in den §§ 42 LitUG und 37 KSchG bzw. 43 LitUG und 38 KSchG, sie sind jetzt klarer formuliert. Ein erwähnenswerter Unterschied besteht darin, daß nunmehr Originale nicht mehr dem Vernichtungsanspruch unterliegen, ebensowenig Vervielfältigungsstücke von Werken der bildenden Künste, die lediglich unrechtmäßig zu einer öffentlichen Vorführung benutzt worden sind. Andererseits wird der Vernichtungsanspruch erweitert auf Vervielfältigungsstücke, die lediglich zur rechtswidrigen Verbreitung bestimmt sind (siehe Begründung des RegE S. 104 = UFITA Bd. 45 [1965] S. 323). Hervorzuheben ist ferner die Neuerung des § 98 Abs. 3, daß der Verletzte in den Fällen, in denen mildere Maßnahmen als Vernichtung und Unbrauchbarmachung zur Beseitigung der Beeinträchtigung ausreichen, die Durchführung dieser Maßnahmen verlangen kann. Es wäre legislatorisch billiger gewesen, dieses Recht im Wege der Einwendung auch dem Verletzer zuzugestehen, entsprechend der Ausnahmevorschrift des § 101.

§ 42 Abs. 3 Satz 2 LitUG und übereinstimmend § 37 Abs. 3 Satz 2 KSchG enthielten einen besonderen Hinweis, daß auf Vernichtung auch dann erkannt werden könne, wenn die Herstellung noch nicht vollendet war. Bei diesem Rechtszustand soll es nach der Begründung des RegE verbleiben: Eine dahingehende besondere Bestimmung erschien entbehrlich, da sich dieser Tatbestand schon eindeutig aus der Fassung ergebe. Das kann zweifelhaft sein, jedenfalls wird man auf den in der Begründung der Bestimmungen zutage getretenen Willen des Gesetzgebers zurückgreifen können, zumal der Wortlaut auf jeden Fall nicht dagegen spricht, sondern diese Auslegung sinn- und zweckentsprechend ist.

Bemerkt sei nur noch, daß die Ansprüche auch bei Verletzung verwandter Schutzrechte bestehen (§ 97 Abs. 1 Satz 1).

Der **§ 100** bringt eine fast überraschende Neuerung, nämlich die **Haftung des Inhabers eines Unternehmens** für Rechtsverletzungen seiner Arbeitnehmer oder Beauftragten. Die Regelung entspricht im allgemeinen der Vorschrift des § 13 Abs. 3 UnlWG. Die Haftung erwächst aus allen rechtswidrigen Verletzungen der durch das Urheberrechtsgesetz geschützten Rechte. Mit Ausnahme des Anspruchs auf Schadensersatz stehen dem Verletzen die Ansprüche aus den §§ 97 bis 99 gegen den Unternehmer zu und erleichtern ihm dadurch die Rechtsverfolgung.

Eine Ergänzung zu den vorausgegangenen Bestimmungen über die Ansprüche aus Rechtsverletzungen bildet der **Ausnahmetatbestand** des **§ 101.** Hiernach sollen die Ansprüche auf Beseitigung der Beeinträchtigung und Unterlassung (§ 97, auf Vernichtung oder Unbrauchbarmachung (§ 98) oder auf Überlassung (§ 99) entfallen und eine Geldentschädigung an deren Stelle treten, wenn dem Verletzer weder Vorsatz noch Fahrlässigkeit zur Last fällt, ihm durch die Erfüllung der Ansprüche ein unverhältnismäßig großer Schaden entstehen würde und dem Verletzten die Abfindung in Geld zuzumuten ist. Ein ähnlicher Grundsatz ist aus dem § 251 Abs. 2 BGB bekannt, der dem Natural-Ersatzpflichtigen die Geldentschädigung erlaubt, wenn die Herstellung nur mit unverhältnismäßigen Aufwendungen möglich ist. Man wird aus der unterschiedlichen Formulierung „unverhältnismäßig großer Schaden" und „unverhältnismäßige Aufwendungen" keine Folgerung ziehen dürfen, etwa in dem Sinne, daß der erstere Begriff sogar unter Beifügung des Wortes „großer" enger auszulegen ist als der Begriff der unverhältnismäßigen Aufwendungen, denn auch unverhältnismäßige Aufwendungen i. S. des § 251 Abs. 2 BGB sind Opfer und eigener Schaden des Ersatzpflichtigen, die in augenfälligem Mißverhältnis zur Höhe des von ihm verursachten Schadens stehen (vgl. RG in DR 1944, 451). Über den Inhalt des Begriffs der Unverhältnismäßigkeit entscheiden Treu und Glauben; er bedeutet nicht Existenzbedrohung des Verletzers, sondern fordert nur Unproportionalität zwischen Schaden und Wiedergutmachung. Der Schaden soll zwar ersetzt werden und die Geldentschädigung den vollen Ersatz des individuellen Interesses des Geschädigten bieten, aber zwischen dem Schaden des Verletzten und der Erfüllung der Ansprüche aus den §§ 97 bis 99 muß ein wirtschaftlich angemessenes Verhältnis bestehen. Darauf weist schon § 101 Abs. 1 Satz 2 hin, der als Entschädigung den Betrag bestimmt, der im Fall einer vertraglichen Einräumung des Rechts als Vergütung angemessen gewesen wäre. Damit ist der Auslegung des Begriffes der Zumutbarkeit der Weg geebnet, da mit der Entschädigung der Zweck der dem Anspruchsteller nach §§ 97 bis 99 zustehenden Rechte erreicht und der Verletzer nicht mehr beeinträchtigt werden soll, als durch die Erfüllung der genannten Ansprüche. Nach Abs. 1 Satz 3 gilt mit der Zahlung der Entschädigung die Einwilligung des Verletzten zur Verwertung im üblichen Umfange als erteilt.

Bei der Regelung hat der Gesetzgeber nach der Begründung des RegE (S. 105 = UFITA Bd. 45 [1965] S. 324) besonders an den Fall gedacht, daß sich ein Filmhersteller versehentlich ein zur Auswertung des Filmwerkes erforderliches Nutzungsrecht nicht hat einräumen lassen. Stellt sich das Versäumnis erst heraus, nachdem das Filmwerk unter großem Kostenaufwand fertiggestellt ist, so würde der betreffende Rechtsinhaber ohne die Sonderregelung die Auswertung des Filmwerkes untersagen und die Vernichtung des Filmstreifens verlangen können.

Der 2. Absatz nimmt von der Vernichtung und ähnlichen Maßnahmen der §§ 98 bis 99 Bauwerke und ausscheidbare Teile von Vervielfältigungsstücken und Vorrichtungen aus, deren Herstellung oder Verbreitung nicht rechtswidrig ist. Das entspricht der bisherigen Rechtslage (vgl. §§ 37 Abs. 5 bzw. Abs. 1 Satz 3 KschG und 42 Abs. 1 Satz 2 LitUG).

Die **Verjährung der Schadensersatzansprüche (§ 102)** ist zugunsten des Urhebers etwas geändert und dem § 852 BGB angepaßt. Die Ansprüche aus den §§ 98 und 99 unterliegen nicht der Verjährung. Ein Grund hierfür ist nicht recht ersichtlich. Man wird hier in der Praxis vermutlich mit einer Erleichterung der Einrede der Verwirkung helfen können.

Die nachfolgenden Bestimmungen über die **Bekanntmachung des Urteils (§ 103)**, den **Rechtsweg (§ 104)** und die **Gerichte für Urheberrechtsstreitsachen (§ 105)** sollen nur der Vollständigkeit halber kurz erwähnt werden. Sie bringen eine erwünschte und erfreuliche Anpassung an Bestimmungen des Gewerblichen Rechtsschutzes. So ähneln die Vorschriften des § 103 dem § 23 Abs. 4 und 5 UnlWG und des § 105 dem § 51 PatG und dem § 32 WZG. Von der Erstreckung der Zuständigkeit der Urheberrechts-Spezialkammern und — eine beachtliche Neuerung! — der eventuellen Spezial-Amtsgerichte auf verlagsrechtliche Prozesse und solche über den Titel eines Werkes sowie auf Streitigkeiten über die Verletzung des Namensrechtes durch literarische Werke und durch Filme ist trotz verschiedener dahingehender Anregung abgesehen worden. Viele dieser Prozesse werden vermutlich kraft Vereinbarung bei den Spezialkammern für Urheberrecht und den für sie zuständigen Senaten landen. Da die Zahl der urheberrechtlichen Streitigkeiten nicht sehr groß ist, ist ferner anzunehmen, daß von den Landesregierungen dieselben Landgerichte bestimmt werden, die die Zuständigkeit für Patent- und Warenzeichensachen besitzen, und die bisher schon

— nicht durch Gesetz aber kraft Geschäftsverteilung — auch die Wettbewerbs- und Urheberrechtssachen behandelt haben.

Die **strafrechtlichen Vorschriften** (§§ 106 bis 111) übernehmen zwar im allgemeinen die bisherigen Bestimmungen der §§ 38 bis 48, 50 bis 33 LitUG und 32 bis 45, 47 bis 50 KSchG, schränken teils die Tatbestände ein, erweitern sie jedoch teilweise durch Erstrekkung auf verwandte Schutzrechte und verschärfen sie durch Androhung einer Gefängnisstrafe bis zu einem Jahr. Es ist sehr zweifelhaft, ob letzteres geboten war. Strafprozesse auf dem Gebiete des Urheberrechts haben bisher glücklicherweise zu den Seltenheiten gehört. Die Tendenz der Strafrechtsreform geht auf Abschaffung der Gefängnisstrafen von geringer Dauer. Das Ergebnis wird auch bei den in der Begründung zum RegE (zu § 116 S. 108 = UFITA Bd. 45 [1965]S. 327) erwähnten „schwerwiegenden Fällen wie gewerbs- oder gewohnheitsmäßigen oder im Rückfall begangenen Verletzungen" eine Freiheitsstrafe auf Bewährung sein: Durchaus mit Recht, wenn man vergleichsweise die Tötung eines Menschen infolge Trunkenheit am Steuer und Fahrerflucht mit drei Wochen Gefängnis und Bewährungsfrist ahndet. Eine hohe Geldstrafe würde bei den hier in Frage kommenden (und übrigens auch bei sonstigen) Delikten bei weitem wirksamer sein. Gefallen sind die bisherigen Strafvorschriften wegen Unterlassung der Quellenangabe (§§ 44 LitUG und 40 KSchG), wegen Änderungen am Werke selbst, an dessen Titel oder an der Bezeichnung des Urhebers, die von diesem nicht genehmigt sind (§§ 38 Abs. 2 und 32 Abs 2 KSchG), und wegen vorzeitiger unerlaubter öffentlicher Mitteilung des wesentlichen Inhaltes eines Werkes (§ 39 LitUG). Auch die Auferlegung einer Buße neben der Strafe (§§ 40 LitUG und 35 KSchG) kann nicht mehr verlangt werden. Unter Strafe stehen

a) die **unerlaubte Verwertung urheberrechtlich geschützter Werke** oder einer Bearbeitung oder Umgestaltung eies Werkes (**§ 106,** der dem Inhalt der §§ 38 Abs. 1 LitUG, 32 KSchG entspricht). Unerlaubt ist die Verwertung, wenn sie ohne die im § 23 geforderte Einwilligung des Urhebers erfolgt. § 23 Satz 2 verlangt die Einwilligung, wenn es sich um eine Verfilmung des Werkes, um die Ausführung von Plänen und Entwürfen eines Werkes der bildenden Künste oder um den Nachbau eines Werkes der Baukunst handelt, bereits für die Herstellung der Bearbeitung oder Umgestaltung. Werke der bildenden Kunst und der Baukunst werden durch den Wortlaut gedeckt. Das Ausstellungsrecht (§§ 15 Abs. 1 Ziff. 3; 18) ist im § 106 nicht erwähnt, seine Verletzung also nicht strafbar. Ebenso soll die Herstellung einer Bearbeitung oder Umgestaltung durch Verfilmung von der Strafbestimmung nicht erfaßt werden (so Begründung des RegE zu § 116 S. 108 = UFITA Bd. 45 [1965] S. 327). Dieser Wille des Gesetzgebers kommt m. E. nicht mit der nötigen Klarheit zum Ausdruck. § 106 bildet einen selbständigen strafrechtlichen Tatbestand. Er nimmt zwar inhaltlich auf den § 23 Bezug, unterscheidet aber nicht zwischen Bearbeitung oder anderen Umgestaltungen im allgemeinen und solchen durch Verfilmung wie in § 23 Satz 2 und § 88 Abs. 1 Ziff. 1.

b) Das **vorsätzlich-unzulässige Anbringen der Urheberbezeichnung** auf dem Original oder den Vervielfältigungsstücken eines Werkes der bildenden Künste und deren Verbreitung (**§ 107;** ähnlich bisher §§ 34, 33 Abs. 1 KSchG).

c) **Unerlaubte Eingriffe in verwandte Schutzrechte,** die in einem Katalog des **§ 108** aufgezählt sind.

Die Vergehen nach §§ 106 bis 108 sind Antragsdelikte (**§ 109**); ebenso bisher §§ 54 LitUG und 41 KSchG.

Der **Anspruch auf Vernichtung und ähnliche Maßnahmen** sowie die **Bekanntmachung des Urteils** werden in den **§§ 110 und 111** für das Strafverfahren geregelt. Die Fassung ist sehr detailliert, in der Praxis spielen diese Fragen eine untergeordnete Rolle. Es darf daher auf die eingehende Erörterung in der Begründung des RegE S. 108/109 = UFITA Bd. 45 (1965) S. 327/328 verwiesen werden.

Die Zulässigkeit der **Zwangsvollstreckung** (§§ 112 bis 119) in ein Urheberrecht oder in verwandte Schutzrechte, in Verwertungs- und Nutzungsrechte richtet sich nach den Bestimmungen der ZPO (§ **112**), soweit nicht die §§ 113 bis 119 Sondervorschriften enthalten. Die Unterschiede zur bisherigen Rechtslage seien kurz umrissen.

Wie schon nach den §§ 10 Halbsatz 1 LitUG und 14 Abs. 1 KSchG ist die Zwangsvollstreckung gegen den Urheber wegen Geldforderungen in das Urheberrecht nur mit seiner Einwilligung zulässig und nur in die Nutzungsrechte (**§ 113**). Ebenfalls aus den früheren Gesetzen ist die Bestimmung übernommen, daß die Einwilligung nicht durch einen gesetzlichen Vertreter erteilt werden kann. Wenn es sich auch um eine persönlichkeitsrechtliche Befugnis handelt, erscheint dieses Verbot zumal hinsichtlich der Nutzungsrechte überspannt. Gegen einen geschäftsunfähigen Urheber ist daher jede Zwangsvollstreckung schlechthin unmöglich, obwohl durch die Entmündigung auch Persönlichkeitsreche stark beschnitten werden.

Die gesamten Sondervorschriften beziehen sich auf die Zwangsvollstreckung wegen Geldforderungen; zulässig ist die Zwangsvolstreckung in Geldforderungen des Urhebers, die ihm aus den

Nutzungsrechten zustehen, z. B. die Vergütungsansprüche und die Zwangsvollstreckung in die Vervielfältigungsstücke seiner Werke.

Die Zwangsvollstreckung in die dem Urheber gehörigen Originale ist in einem im Vergleich zu früher etwas erweiterten Umfange zulässig.

Die entsprechenden Bestimmungen über die Zwangsvollstreckung gegen den **Rechtsnachfolger** des Urhebers finden sich in den **§§ 115 bis 117**, gegen den **Verfasser wissenschaftlicher Ausgaben**, gegen den **Lichtbildner** und in **bestimmte Vorrichtungen** (Formen, Platten, Steine u. a.) in den **§§ 118, 119.**

Fünfter Teil

Anwendungsbereich

Übergangs- und Schlußbestimmungen

(§§ 120 bis 143)

Der Fünfte und letzte Teil des Gesetzes enthält Vorschriften über den **Anwendungsbereich** sowie **Übergangs- und Schlußbestimmungen.** Sie entsprechen im allgemeinen der bisherigen Rechtslage. Das gilt sowohl für die Stellung der **deutschen** als auch der **ausländischen Staatsangehörigen (§§ 120, 121)**, abgesehen von einigen Änderungen, die der Anpassung an die Bestimmung RBÜ (Brüssel) dienen. Das Folgerecht (§ 26) steht den ausländischen Staatsangehörigen nur im Falle der (durch eine Bekanntmachung des Bundesjustizministers festgestellten) Gegenseitigkeit zu. Erweitert sind ihre Rechte durch § 121 Abs. 6; danach genießen sie für alle ihre Werke den Schutz ihrer Persönlichkeitsrechte nach den §§ 12 bis 14 (Veröffentlichungsrecht, Anerkennung der Urheberschaft und Verbot der Entstellung) ohne die Einschränkungen der Absätze 1 bis 5 (Erscheinen der Werke im Geltungsbereich des Gesetzes, Voraussetzung der Gegenseitigkeit usw.). Ergänzend hinzugetreten ist die Regelung der **Befugnisse der Staatenlosen** im **§ 122** (siehe Zusatzprotokoll 1 zum Welturheberrechtsabkommen vom 6. September 1952, BGBl. II 1955, 892 = UFITA Bd. 18 [1954] S. 97) und der **ausländischen Flüchtlinge** im **§ 123** (vgl. hierzu Abkommen über die Rechtsstellung der Flüchtlinge vom 28. Juli 1951, BGBl. II 1953, 560 Art. 14). Alle die genannten Bestimmungen sind nach den **§§ 124 bis 128** ganz oder teilweise auf die Inhaber verwandter Schutzrechte entsprechend anzuwenden. Bemerkenswert ist auch hier im § 125 Abs. 6 die Verstärkung der Befugnisse der ausländischen ausübenden Künstler, die den Schutz nach den §§ 74, 75 Satz 1, 76 Abs. 1 und 83 ohne die sonstigen Einschränkungen der Absätze 2 bis 5 genießen (öffentliche Wahrnehmbarmachung außerhalb des Raumes der Darbietung, Vervielfältigung auf Bild- und Tonträger, Funklivesendungen nur mit Einwilligung und Entstellungsverbot).

Von dem im Zweiten Abschnitt erlassenen **Übergangsbestimmungen** (§§ 129 bis 137) seien nur die drei folgenden erwähnt:

§ 131 bringt eine Übergangsbestimmung für **vertonte Sprachwerke, die nach** § 20 LitUG ohne Zustimmung ihres Urhebers vervielfältigt, verbreitet und öffentlich wiedergegeben werden durften. Die Vorschrift des § 20 LitUG ist nicht mitübernommen worden. Nunmehr sollen die Nutzungsrechte weiterbestehen, wenn die Vertonung des Werkes vor dem 1. Januar 1966 erschienen ist. Wichtig ist die Vorschrift des **§ 132** über die bei Inkrafttreten des Gesetzes **noch laufenden Verträge,** auf sie ist das neue Gesetz nicht anzuwenden, mit Ausnahme der §§ 42 (Rückrufsrecht wegen gewandelter Überzeugung), 43 und 79 (in Arbeits- und Dienstverhältnissen geschaffene Werke bzw. erbrachte Leistungen), für die eine Sonderregelung auch bezüglich der §§ 40 und 41 gilt.

§ 137 Abs. 1, enthält Auslegungsregeln für den Fall, daß das Urheberrecht vor **Inkrafttreten des Gesetzes** auf einen anderen **übertragen** worden ist. Grundsätzlich sollen dem Erwerber die übertragenen Nutzungsrechte erhalten bleiben, aber nicht die Befugnisse zuwachsen, die erst durch das neue Gesetz begründet werden. Jedoch erstreckt sich im Zweifel die Übertragung auch auf den Zeitraum, um den die Dauer des Urheberrechts nach den §§ 64 bis 66 verlängert worden ist, also von 50 auf 70 Jahre (Abs. 2).

Nach Abs. 5 gilt lediglich der 1. Absatz entsprechend für verwandte Schutzrechte, nicht aber die Bestimmung des 2. Absatzes hinsichtlich der Verlängerung der Schutzdauer. Die auf 70 Jahre verlängerte Frist ist bereits am 17. September 1965 in Kraft getreten (§ 149). Das gilt jedoch nur für die Urheberrechte des neuen Gesetzes, auf die sich die §§ 64 bis 69 beziehen. Die Fristen für verwandte Schutzrecht nach den §§ 70 ff. werden also davon nicht betroffen. Das hat zur Folge, daß z. B. die übertragenen fiktiven Urheberrechte nach § 2 Abs. 2 LitUG, die sich am 1. Januar 1966 in Leistungsschutzrechte verwandelt haben, ihre alte Schutzfristdauer von 50 Jahren behalten, nicht auf 70 Jahre verlängert, aber auch nicht auf 25 Jahre verkürzt werden können, da bestehende subjektive Rechte nicht eingeschränkt oder enteignet werden können. Siehe hierzu *Gentz* „Aus dem neuen Schallplattenrecht“, UFITA Bd. 46 (1966) S. 35.

In den **Schlußbestimmungen** (§§ 138 bis 143 werden neben der Änderung und Aufhebung einiger gesetzlicher Vorschriften im **§ 138** formale Regelungen für die Eintragung und die Führung der Urheberrolle beim Patentamt getroffen. Nach § 66 Abs. 2 Ziff. 2 ist für die Berechnung der Dauer des Urheberrechts an anonymen und pseudonymen Werken maßgebend, ob innerhalb der Frist von 70 Jahren nach der Veröffentlichung des Werkes der wahre Name des Urhebers in die Urheberrolle eingetragen wird. Ist dies geschehen, berechnet sich die Dauer des Urheberrechts nach den allgemein geltenden Bestimmungen der §§ 64 und 65.

B. Das Gesetz über die Wahrnehmung von Urheberrechten und verwandten Schutzrechten (VerwGG)

Einleitung

Wenn im Anschluß an die Einführung in das Urheberrechtsgesetz vom 9. September 1965 (UG) noch einige erläuternde Bemerkungen zum Gesetz über die Wahrnehmung von Urheberrechten und verwandten Schutzrechten (BGBl I S. 1294 — VerwGG) hinzugefügt werden sollen, so rechtfertigt sich dies durch den engen Zusammenhang dieser beiden am selben Tage im Bundestag einstimmig angenommenen, sodann ebenfalls gleichzeitig am 9. September 1965 erlassenen und am 16. September 1965 verkündeten Gesetze. Die Verbindung ist nicht nur äußerlich. Beide Gesetze sind auch inhaltlich aufeinander abgestimmt und voneinander abhängig (vgl. z. B. §§ 53 Abs. 5 und 61 Abs. 1 UG).

Der Wirtschaftsausschuß des Bundestages hat sich gegen eine Verabschiedung des UG gewandt, die nicht zugleich mit einer Verabschiedung des VerwGG verbunden wäre, ebenso hat sich der UAUrh. des Rechtsausschusses in seiner Sitzung vom 9. Dezember 1964 (Prot. 14/5) für dieses Junktim ausgesprochen und seinen Vorsitzenden ermächtigt, im Namen des Ausschusses folgende Presseerklärung abzugeben:

> „Der Unterausschuß ‚Urheberrecht' des Rechtsausschusses hat sich heute einstimmig dafür ausgesprochen, daß das neue Urheberrechtsgesetz nur zusammen mit dem Verwertungsgesellschaftsgesetz verabschiedet werden sollte. Eine ganze Reihe von den neuen Regelungen des Urheberrechtsgesetzes, insbesondere die vom Unterausschuß vorgeschlagene Lösung der Frage der privaten Tonbandüberspielung, ist für die beteiligten Kreise der Bevölkerung nur tragbar, wenn gleichzeitig eine besondere Aufsicht über die mit neuen Vorrechten ausgestatteten Verwertungsgesellschaften begründet und ein staatliches Schiedsverfah-

ren für Streitigkeiten über die Höhe der Vergütungen eingerichtet wird."

Über die Notwendigkeit der gesetzlichen Regelung der Verwertungsgesellschaften, ihre Aufgaben, ihre Rechte und Pflichten besteht allgemeine Übereinstimmung. Der Streit, der auch in den parlamentarischen Verhandlungen zum Ausdruck gekommen ist, bezieht sich auf die Rechtsstellung der Verwertungsgesellschaft, die Erlaubnispflicht, die Staatsaufsicht sowie die Vorschrift des § 102a GWB über die Rechte des Bundeskartellamts und ist vornehmlich verfassungsrechtlicher Natur. Er kreist um die Frage, ob die genannten Bestimmungen gegen die Grundgedanken der Artikel 3 Abs. 1, 9 Abs. 1 und 3 und 12 Abs. 1 GG verstoßen. Die Frage ist von allen Ausschüssen lebhaft diskutiert und verneint worden. Im Rechtsausschuß war lediglich bei der Abstimmung über § 1 (Erlaubnispflicht) und § 11 (Abschlußzwang) eine Gegenstimme bzw. eine Stimmenthaltung zu verzeichnen (Prot. 131/41 ff.), während bei der Schlußabstimmung in der 3. Lesung im Plenum des Bundestags, wie schon erwähnt, Einstimmigkeit erzielt worden ist (BT 187. Sitzung am 25. Mai 1965 S. 9432 D = UFITA Bd. 46 [1966] S. 233). Die Problematik ist in drei Gutachten behandelt und die Entscheidung in umfassender Weise vorbereitet worden [1]). Alle drei Gutachten liegen vor dem 6. Mai 1965, an dem im Rechtsausschuß die endgültige Fassung des Gesetzes und vor allem des § 53 Abs. 5 UG formuliert worden ist, (siehe stenogr. Prot. RA 131/21 bis 22). Es ist vielleicht erstaunlich, mit welcher Vehemenz und welchem wissenschaftlichen Aufgebot der Kampf gegen die Erlaubnispflicht und Staatsaufsicht geführt worden ist. Freilich liegt es in erster Linie daran, daß wir nach den Erfahrungen der NS-Zeit gegen jeden Eingriff und gegen jede Möglichkeit eines Eingriffs in unsere freiheitlichen Grundrechte außerordentlich empfindlich geworden sind, darüber hinaus fühlen sich die durch die GEMA vertretenen Komponisten nach ihren bekanntgewordenen Äußerungen als durch das Gesetz diskriminiert [2]). Das ist zwar m. E. unbegründet, aber durchaus erklärlich. Da die GEMA nicht nur ein markt-, sondern ein infolge des Ab-

[1]) Nipperdey, Abhandlung über die Frage der Verfassungsmäßigkeit des Referentenentwurfs über Verwertungsgesellschaften auf dem Gebiete des Urheberrechts in Erich Schulze „Recht und Unrecht" 1954 Anh. 6 S. 235 ff.; Ridder „Verfassungsrechtliche Probleme der gesetzlichen Regelung von Verwertungsgesellschaften auf dem Gebiete des künstlerischen Urheberrechts" InterGU Schriftenreihe Bd. 32 1963; Nellen-Holtkotten „Verfassungsmäßigkeit des VerwGG?" Gutachten vom 25. Januar 1965 Anl. 1 zum Protokoll der 16. Sitzung des UAUrhR vom 12. Februar 1965.

[2]) Vgl. die Erklärungen der Abg. Dr. Deringer und Dr. Bucher bei der 3. Lesung des Gesetzes im BT 187. Sitzung am 25. Mai 1965 S. 9424 bzw. 9425 = UFITA Bd. 46 (1966) S. 216 bzw. 219 zu „Zuschriften von einem Aktionsausschuß der Komponisten".

schlusses von Gegenseitigskeitsverträgen mit ausländischen Verwertungsgesellschaften die gesamte Musikwelt beherrschendes Unternehmen ist, wird sie in erster Linie vom Gesetz betroffen und steht im Vordergrund der Regelung. Mehr gefühlsmäßig als rein rechtlich und bewußt stehen die Künstler der Diskrepanz gegenüber, daß sie, deren Vermögen in ihren persönlichen geistigen Schöpfungen, also in idealen Werten liegt, nach der Sachgesetzlichkeit die größten Individualisten sind und sein müssen, sich zwecks Verwertung ihrer Kunstschöpfungen eines kaufmännisch organisierten Kollektivs bedienen müssen und damit zwangsläufig in die allgemeine Wirtschaftsmaschinerie, sogar in den Kreis der marktbeherrschenden Unternehmen geraten und allen den Beschränkungen unterworfen sind, die die Teilhabe an einer kapitalistischen Marktwirtschaft mit sich bringt. Dadurch stoßen Kunstwerk und Rechtsnorm, geistige Schöpfung und Kaufpreis, individuelle künstlerische Freiheit und Rücksicht auf die Allgemeinheit zusammen. Bei diesem Gegeneinander von Feuer und Wasser wird verkannt, daß die im Gesetz vorgesehenen Maßnahmen nicht die Freiheit der Kunst, auch nicht einmal mittelbar, tangieren, sondern allein eine Sicherung der wirtschaftlichen Verwertung der Kunstwerke und Erzeugnisse in Form der Verwaltung, der Einwilligungs- und Nutzungsrechte sowie der Vergütungsansprüche zu erreichen suchen.

Erster Abschnitt
Erlaubnis zum Geschäftsbetrieb
(§§ 1 bis 5)

Der Erste Abschnitt behandelt die **Erlaubnis zum Geschäftsbetrieb** für diejenigen Personen oder Personengemeinschaften, welche sich mit der Auswertung von Rechten und Ansprüchen befassen, die sich aus dem UG ergeben. Im Vergleich zum RegE enthält **§ 1** eine Umstellung der betroffenen Personen. Während im RegE die Verwertungsgesellschaften an die Spitze gestellt waren und für die einzelnen natürlichen Personen, falls sie dieselbe Tätigkeit wie eine Verwertungsgesellschaft ausübten, die Vorschriften des Gesetzes sinngemäß angewendet werden sollten, bezieht das Gesetz die Erlaubnispflicht auf jeden, der die Tätigkeit der Wahrnehmung von Urheberrechten übernehmen will („wer" . . .); es bezeichnet im Abs. 4 diejenige juristische Person oder Personengemeinschaft, die diese Tätigkeiten ausübt, als „Verwertungsgesellschaft" und stellt sie dadurch wieder in den Vordergrund, als alle nachfolgenden Bestimmungen für die Verwertungsgesellschaften gelten und bei Einzelpersonen sinngemäß anzuwenden sind. Das hat den Vorteil der Klarheit der an sich selbstverständlichen gleichheitlichen Regelung für natürliche, juristische Personen sowie Personengemeinschaften für sich. An der Rechtslage wird dadurch nichts geändert.

Nach § 1 Abs. 1 und 4 ist eine juristische Person oder Personengemeinschaft definitorisch eine Verwertungsgesellschaft im Sinne des Gesetzes, wenn sie Nutzungsrechte, Einwilligungsrechte oder Vergütungsansprüche, die sich aus dem UG ergeben, für Rechnung mehrerer Urheber oder Inhaber verwandter Schutzrechte zur gemeinsamen Auswertung erwirbt und in eigenem oder fremdem Namen wahrnimmt. **Nutzungsrechte** behandelt das UG im § 31 ff. [3]; **Einwilligungsrechte** sind Rechte, die nur mit Einwilligung des Urhebers oder Leistungsberechtigten genutzt werden können, z. B. die §§ 23, 24 Abs. 2, 34 Abs. 1 und 2, 35 Abs. 1, 52 Abs. 2, 53 Abs. 4 und die 74, 75, 76 Abs. 1 sowie im Zusammenhang mit den drei zuletzt genannten Bestimmungen auch 80 und 81; **Vergütungsansprüche** ergeben sich aus den §§ 47 Abs. 2, 49 Abs. 1 Satz 2, 52 Abs. 1, 53 Abs. 5 Satz 1, 54 Abs. 2, 61 Abs. 1, 76 Abs. 2 und 77.

Das besondere Merkmal der **Verwertungsgesellschaften** liegt in der Wahrnehmung der genannten Rechte für Rechnung mehrerer Urheber oder Inhaber verwandter Schutzrechte, also in der treuhänderischen Verwaltung und in dem Erwerb der Rechte zur gemeinsamen Auswertung. Die Monopolstellung ist nicht Wesenselement der Verwertungsgesellschaften, ist ihnen aber direkt oder indirekt immanent. Die treuhänderische gemeinsame Wahrnehmung einer unübersehbaren Zahl von Treugebern reicht über das Interesse der Urheber und Leistungsschutzberechtigten hinaus in das öffentliche Interesse. Bei jeder Machtzusammenballung ist die Möglichkeit eines Mißbrauchs gegeben. Wenn der Gesetzgeber dem durch Einführung einer Erlaubnispflicht und Staatsaufsicht vorbeugen will, so liegt darin weder Mißtrauen noch Kritik an den bisher schon bestehenden Verwertungsgesellschaften. Ein Mißbrauch ist auch bei noch so gut und demokratisch organisierten Gesellschaften denkbar durch Verweigerung der Wahrnehmung der Rechte von Mitgliedern oder Dritten unter Verletzung des Wahrnehmungszwanges nach § 6 oder durch ungerechtfertigte Ansprüche gegenüber Verwertern. Es führt zu einer unrichtigen Beurteilung, wenn bei einem objektiven gesetzlichen Tatbestand immer nur vom Aspekt auf die zur Zeit größte deutsche Verwertungsgesellschaft, die GEMA, ausgegangen wird, wenn sich auch bei ihr das Ausmaß der Treuhandrechte, die Gebundenheit der

---

[3] Siehe hierzu die im GEMA-Berechtigungsvertrag § 1 aufgeführten Rechte, abgedruckt bei Erich Schulze „Urheberrecht in der Musik", 3. Aufl., 1965, Anh. 15 S. 249.

Treugeber und der mangelnde Einfluß des einzelnen in der riesigen weltweiten, obschon ausgezeichneten und beispielhaften Organisation am besten exemplifizieren lassen. Es darf nur darauf hingewiesen werden, daß nach § 3 der GEMA-Satzungen und entsprechend nach § 10 des GEMA-Berechtigungsvertrages die Bindung des Berechtigten auf mindestens 6 Jahre erfolgt, daß sämtliche ihm gegenwärtig zustehenden und alle zukünftig entstehenden Rechte übertragen werden, die die GEMA im eigenen Namen ausübt. Dabei wird die selbständige Rechtsstellung der GEMA noch im § 2 Abs. 3 der Satzungen verdeutlicht, indem sie sich selbst dem Abschlußzwang unterwirft, wenn die erforderliche Gegenleistung erfolgt, es sei denn, daß die Erteilung der Genehmigung der Wahrung berechtigter Interessen des Vereins oder des Berechtigten widerspricht. Es können also die eigenen Interessen der GEMA als selbständiger juristischer Person bei der Entscheidung über den Abschluß eines Nutzungsvertrages von Bedeutung sein.

Die Treuhandstellung der Verwertungsgesellschaft ist kein Streitpunkt. Die Ausübung der treuhänderischen Verwaltung der zur Verwertung übertragenen Urheberrechte ist Sinn und Zweck der ganzen Institution. Diese Treuhand ist aber von besonderer Art, da sie von mächtigen und eigenständigen Organisationen getragen wird. Dazu kommt aber noch ein weiterer in der bisherigen Diskussion noch nicht ausreichend beachteter, weil erst durch die letzte Fassung des Urheberrechtsgesetzes entstandener Umstand hinzu, daß die Treuhandrechte der Verwertungsgesellschaften zum Teil durch den Staat den Verwertungsgesellschaften monopolartig auferlegt sind. Während bisher schon die Urheber und Leistungsschutzberechtigten praktisch ihre Rechte nicht selbst verwerten konnten und aus der Realität heraus auf die Hilfe einer Verwertungsgesellschaft angewiesen waren, ist nach § 53 Abs. 5 Satz 4 UG den Verwertungsgesellschaften die Geltendmachung der Vergütungsansprüche der Urheber gegen die Tonbandgeräte-Hersteller allein und folglich monopolartig kraft Gesetz übertragen worden; ihnen steht auch nach Satz 5 die angemessene Verteilung des erhaltenen Erlöses zu. Danach ist den Urhebern, ausübenden Künstlern, den Herstellern von Tonträgern und den Filmherstellern das Recht auf Geltendmachung ihrer Vergütungsansprüche im Rahmen des § 53 UG entzogen und auf die Verwertungsgesellschaften übertragen. Die Urheber werden also vom Staat zur Treugabe und die Verwertungsgesellschaften zur Treuhand gezwungen. Dieses vom Staate verliehene monopolistische Recht der treuhänderischen Geltendmachung der Vergütungsansprüche und der Verteilung auf die

Berechtigten führt zwangsläufig zum Recht der staatlichen Kontrolle, da der Staat die Verantwortung dafür trägt, daß die von ihm beauftragten Gesellschaften die Rechte Dritter ordnungsmäßig verwalten. Dadurch ist die Erlaubnispflicht gegeben, die nur dann entfällt, wenn es sich um gelegentliche oder kurzfristige Wahrnehmung der bezeichneten Rechte und Ansprüche handelt (§ 1 Abs. 2).

Verstößt die Erlaubnispflicht gegen Grundrechte? Vor der Beantwortung bedarf es eines Hinweises auf die Bedingungen für die Erlaubnis und die Versagungsgründe.

§ 2 befaßt sich mit den **formellen Voraussetzungen für die Erteilung der Erlaubnis.** Die Erlaubnis ist schriftlich bei der Aufsichtsbehörde, dem Patentamt (§ 18 Abs. 1), zu beantragen.

Dem Antrag sind beizufügen

a) die Satzung der Verwertungsgesellschaften.

Diese Bezeichnung ist nicht eng und wörtlich auszulegen. Sie umfaßt alle organisatorischen Regelungen der Personengemeinschaften und juristischen Personen. Die jetzt bestehenden Verwertungsgesellschaften haben die verschiedensten Rechtsformen: Die GEMA und die Verwertungsgesellschaft WORT sind eingetragene Vereine nach § 22 BGB; die Gesellschaft zur Verwertung von Leistungsschutzrechten (GVL) und die Zentralstelle für Sonderrechte sowie die Zentralstelle der Autoren und Verleger sind GmbH.; die Zentrale für private Überspielungsrechte (ZPÜ) ist anscheinend eine Gesellschaft bürgerlichen Rechts; die Zentralverwaltung der Ton- und Bildträgerrechte ausübender Künstler beruht auf einer Stiftung. Es fallen also nicht nur die Vereinssatzungen nach § 25 BGB, sondern ebenso die Gesellschaftsverträge einer bürgerlich-rechtlichen Gesellschaft, einer Aktiengesellschaft (in § 2 AktG ist dem Wort Gesellschaftsvertrag in Parenthese das Wort „Satzung" beigefügt), einer GmbH., das Statut einer Genossenschaft und das Stiftungsgeschäft (§ 81 BGB) unter den Begriff der Satzung im Sinne des § 2 Ziff. 1.

b) nähere Angaben über die zur Vertretung der Verwertungsgesellschaft berechtigten Personen und den Umfang der Organisation.

Die **§§ 3 und 4** enthalten die materiell-rechtlichen Bedingungen für die Erlaubnis in negativer Form, d. h. die **Versagung** und der **Widerruf** der Erlaubnis sind an subjektive Voraussetzungen geknüpft. Diese sind für die Versagung:

1. daß die Satzung nicht den Vorschriften des Gesetzes entspricht,
2. daß Tatsachen die Annahme rechtfertigen, daß eine nach Gesetz oder Satzung zur Vertretung der Verwertungsgesellschaft berech-

tigte Person die für die Ausübung ihrer Tätigkeit erforderliche Zuverlässigkeit nicht besitzt oder

3. die wirtschaftliche Grundlage der Verwertungsgesellschaft eine wirksame Wahrnehmung der ihr anvertrauten Rechte oder Ansprüche nicht erwarten läßt.

Der Widerruf ist außerdem nach § 4 Abs. 1 Ziff. 2 zu erklären, wenn die Verwertungsgesellschaft einer der ihr nach dem VerwGG obliegenden Verpflichtungen trotz Abmahnung durch die Aufsichtsbehörde wiederholt zuwiderhandelt.

Über die Erteilung bzw. die Versagung und den Widerruf der Erlaubnis entscheidet nach § 18 Abs. 3 das Patentamt im Einvernehmen mit dem Bundeskartellamt und, wenn kein Einvernehmen zu erzielen ist, der Bundesminister der Justiz, der wiederum im Benehmen mit dem Bundesminister für Wirtschaft seine Weisungen zu erteilen hat.

Von den oben in Anmerkung 1 genannten Gutachten soll jenes von *Nipperdey* im folgenden lediglich deswegen außer Betracht bleiben, weil es auf dem 1954 veröffentlichten Referentenentwurf des VerwGG fußt, der in wesentlichen Grundsätzen durch das jetzt geltende VerwGG geändert worden ist.

Ridder wendet sich in seiner Kritik zwar auch gegen den gesetzlich erheblich umgestalteten Regierungsentwurf (BT-Drucksache IV/271 = UFITA Bd. 46 [1966] S. 251 ff.), aber seine verfassungsrechtlichen Bedenken richten sich auch gegen einzelne vom Entwurf in das Gesetz übernommene Bestimmungen. Er ist der Meinung, daß die Erlaubnispflicht gegen Art. 9 Abs. 1 GG verstößt, der das Recht aller Deutschen statuiert, Vereine und Gesellschaften zu bilden. Er geht von der richtigen und unbestreitbaren These aus, daß die öffentliche Gewalt das, was dem Einzelnen erlaubt ist, auch dem Zusammenschluß der Einzelnen zu einem Verein nicht verbieten darf und umgekehrt, daß, was den einzelnen Bürgern erlaubt ist, auch den Vereinigungen gewährt werden muß (S. 17). Er verweist dabei darauf, daß sich der RegE diese Beschränkung des Vereinigungsschutzes zunutze machen wolle, wenn er in der jetzt gestrichenen Vorschrift des § 1 Abs. 4 RegE die für die Verwaltungsgesellschaften geltenden Bestimmungen auch auf einzelne natürliche Personen für sinngemäß anwendbar erklärte. Im Gesetz ist insoweit, was nochmals betont werden soll, keine Änderung eingetreten, nur die Formulierung geht jetzt davon aus, daß jeden die Erlaubnispflicht trifft, der die im § 1 Abs. 1 genannte Tätigkeit ausübt, gleichviel, ob es eine einzelne natürliche Person, eine Personengemeinschaft oder eine juristische Person ist. Diese gesetzliche Gleichstellung kann nicht damit aus der Welt geschafft werden, daß, wie Ridder meint, die vom Gesetz erfaßten Tätigkeiten „gegenwärtig ausschließlich von Vereinigungen ausgeübt“ werden. Das mag richtig sein, es schließt aber weder die theoretische noch praktische Möglichkeit aus, daß sich auch Einzelpersonen mit dieser Aufgabe befassen, zumal bei einem beschränkten Urheberkreise, beispielsweise bei Grafikern oder Bildhauern. Auch Verleger kommen in Frage, wenn sie die genannten Voraussetzungen erfüllen; im allgemeinen fallen sie nicht unter die Regelung des § 1, weil es an der Voraussetzung des Erwerbs zur gemeinsamen Auswertung fehlen wird.

Der zweite Einwand *Ridders* ist ebenfalls nicht überzeugend. Er sieht in den Einzelnen, den mehrere Urheber mit der Auswertung ihrer Ansprüche betrauen, gleichsam eine „stille Vereinigung“, organisiert durch den einen Bevollmächtigten, aber immerhin eine organisierte, zu gemeinsamem Handeln jederzeit fähige Vereinigung. Die „stille Verwertungsgesellschaft“ lasse nur ihr „Organ“, die bevollmächtigte Einzelperson, nach außen hervortreten.

Dieser an sich interessante Gedanke beruht jedoch auf einer nicht tragfähigen Zweckkonstruktion. Die Wahrnehmung der Urheberrechte mehrerer Urheber zur gemeinsamen Auswertung durch eine einzelne natürliche Person kann weder als vereinsähnliche noch als gesellschaftsgleiche Organisation angesehen werden, für die der einzelne Bevollmächtigte als Organ auftritt. Zum Verein und zu einer Gesellschaft gehört als wesentliches Merkmal die korporative Organisation mit einem Gesamtnamen und einem selbständigen Vereins- oder gesellschaftlichem Gesamthandvermögen (siehe RGZ 60 94). Daran fehlt es hier.

Geht man von dem Rechtsstandpunkt aus, daß das Gesetz in gleicher Weise den einzelnen und die Vereinigung, wenn sie sich mit der Wahrnehmung von Urheberrechten und Leistungsschutzrechten befassen, der Erlaubnispflicht unterwerfen will — und man kann und darf ohne zwingenden und beweisbaren Grund dem Gesetzgeber nicht unterstellen, daß er eine Fassung zu Umgehungszwecken durch Mißbrauch von Formen und Gestaltungsmöglichkeiten gewählt habe —, so müssen die Bedenken aus Art. 9 Abs. 1 GG entfallen, und es verbleibt nur die Frage, ob aus der besonderen Tätigkeit der Verwertung und Wahrnehmung der Urheber- und verwandten Schutzrechte die Auferlegung der Erlaubnispflicht geboten und gerechtfertigt ist.

Sie ergibt sich aus der kollektiven Wahrnehmung fremder Rechte der damit verbundenen Treuhandschaft und den vom Staate selbst gewährten Monopolrechten und -pflichten, sie ist, wie der Abg. Dr. Reischl bei der Verabschiedung des Gesetzes in der 3. Lesung (BT 187. Sitzung S. 9429 = UFITA Bd. 46 [1966] S. 227) erklärt hat,

„ein notwendiges Korrelat für die besondere Rechtsstellung, die wir den Verwertungsgesellschaften, und zwar als Exklusivrecht, im Urheberrechtsgesetz neu gegeben haben. Die Monopolstellung allein ist es nämlich gar nicht, die zu diesem Gesetz geführt hat. Es ist vielmehr in erster Linie die Tatsache, daß hier ein großes Bündel von Ausschließlichkeitsrechten allgemein verwaltet wird, an deren sachgemäßer Auswertung die Öffentlichkeit in ganz besonderem Maße interessiert ist."

Hierzu treten noch Erwägungen aus Art. 12 GG über die Freiheit der Berufswahl, die zwar weder von Ridder noch von Nipperdey angestellt worden sind, aber in den parlamentarischen Verhandlungen eine große Rolle gespielt haben (siehe den schriftlichen Bericht des RA zu Drucks. IV/3402 = UFITA Bd. 46 [1966] S. 287 [289]). Sie sollen im Zusammenhang mit der Frage der Aufsicht über die Verwertungsgesellschaften (§§ 18 bis 20) behandelt werden, bei der sich dieselbe Problematik stellt.

Aufsichtsbehörde (§ 18) ist, wie schon oben bei der Erörterung der Erlaubnispflicht erwähnt, das Patentamt. Soweit auf Grund anderer gesetzlicher Vorschriften eine Aufsicht über die Verwertungsgesellschaften ausgeübt wird, ist sie im Benehmen mit dem Patentamt auszuüben. So auch der nach § 24 in das GWB eingeführte entsprechende § 102a Abs. 3.

Der **Inhalt der Aufsichtspflicht** der Behörde besteht in der Überwachung der den Verwertungsgesellschaft gesetzlich obliegenden Verpflichtung **(§ 19)** in dreifacher Beziehung:

1. Die Aufsichtsbehörde kann jederzeit von der Verwertungsgesellschaft Auskunft über die Geschäftsführung verlangen (Vorlage der Geschäftsbücher und anderer geschäftlicher Unterlagen — Abs. 2 —.

2. Sie ist berechtigt, an der Mitgliederversammlung und, wenn ein Aufsichtrat oder Beirat besteht, auch an dessen Sitzungen durch einen Beauftragten teilzunehmen — Abs. 3 — und

3. Sie kann bei Verdacht der Unzuverlässigkeit eines zur Vertretung der Verwertungsgesellschaft Berechtigten, also bei Tatsachen, die auf Unregelmäßigkeiten oder grobe Pflichtwidrigkeiten schließen lassen, der Verwertungsgesellschaft zur Vermeidung des Widerrufs

der Erlaubnis nach § 4 Abs. 1 Nr. 1 eine Frist zur Abberufung des Betreffenden setzen und ihm bis zum Ablauf der Frist sogar die weitere Ausübung seiner Tätigkeit untersagen, wenn sonst schwere Nachteile zu befürchten sind — Abs. 4 —.

Auf der anderen Seite steht die **Unterrichtungspflicht** der Verwertungsgesellschaft, die alle die Gesellschaft betreffenden wesentlichen Vorgänge (Wechsel der zur Vertretung berechtigten Personen, Satzungsänderungen u. ä.) unverzüglich abschriftlich zu übermitteln hat (**§ 20**).

Ridder gelangt in seinem oben mehrfach zitierten Gutachten von der Sicht des Art. 9 Abs. 1 GG aus unter Heranziehung des § 46 GWB, der die Aufsichtsbefugnisse des Bundeskartellamts regelt, auch zu einer Bejahung der auf diese Befugnisse beschränkten Aufsicht über die Verwertungsgesellschaften als marktbeherrschende Unternehmen, erblickt jedoch im § 19 Abs. 1 eine sachlich nicht begründete Diskriminierung der Verwertungsgesellschaften gegenüber anderen marktbeherrschenden Unternehmen, einen Verstoß gegen die Vereinigungsfreiheit, die Freiheit der Kunst und den Gleichheitssatz.

Es ist schon oben dargetan, daß die Erlaubnispflicht sich nicht auf das Recht zur Vereinigung, zum Zusammenschluß zum Verein oder zur Gesellschaft bezieht, sondern auf die besondere Tätigkeit, die die Verwertungsgesellschaften ausüben und die ihnen obliegen. Dasselbe gilt für die **Staatsaufsicht,** die sich ebenso aus der Eigenart und Vielzahl der wahrzunehmenden Rechte und ihrer treuhänderischen gemeinsamen Wahrnehmung rechtfertigt. Daß es sich bei diesen Rechten um den Schutz eines wichtigen Gemeingutes handelt und bei der Aufsicht nicht um eine Beschränkung, sondern um eine Sicherung der Freiheit der Kunst, sollte billigerweise nicht bestritten werden. Wenn die Stellung der Kraftdroschken im Rahmen des Volksganzen es rechtfertigt, sie als ein schutzwürdiges Gut i. S. der Auslegung des Art. 12 Abs. 1 Grundgesetz anzusehen [4]), so wird man dies in noch stärkerem Maße von den hier in Frage kommenden Interessen und Werten annehmen müssen. Das gilt

---

[4]) BVerfGE 11, 168 = NJW 1960, 1515 in Fortsetzung der Rechtsprechung BVerfG 7,377 = NJW 1958, 1035 — Apothekenurteil; vgl. ferner die späteren Urteile BVerfGE 13, 97 = NJW 1961, 2011 — Befähigungsnachweis für das Handwerk; BVerfGE 16, 286 = NJW 1963, 1667 — Chefarzt; NJW 1964, 1067 — Mehrbetrieb im Apothekenrecht. — Die Ausführungen von Carl Haensel über „Das Verwertungsgesellschaftengesetz in der Urheberrechtsreform in UFITA Bd. 45 (1965), S. 68 ff. sind mir erst nach Fertigstellung des Manuskriptes zu Gesicht gekommen. Ich muß mich darauf beschränken, auf sie hinzuweisen, zumal die rechtspolitischen Einwendungen hier nicht näher untersucht werden können.

sowohl für die Erlaubnispflicht (Berufszugang) als für die Aufsicht (Berufsausübung). Für die letztere Regelung genügen zwar schon „vernünftige Gründe des Gemeinwohls" und „Gesichtspunkte der Zweckmäßigkeit", wenn die Beschränkungen für die Betroffenen zumutbar und nicht übermäßig belastend sind, hingegen ist die den freien Zugang einschränkende Erlaubnispflicht nur gerechtfertigt, „soweit dadurch ein überragendes — oder wie es im Handwerksurteil BVerfGE 13, 97 etwas abgeschwächt heißt: ein wichtiges — Gemeinschaftsgut, das der Freiheit des einzelnen vorgeht, geschützt werden soll" (BVerfGE 7, 377), wobei wiederum ein bedeutsamer Unterschied besteht, je nachdem, ob es sich um objektive oder subjektive Voraussetzungen handelt, welch letztere ein Teil der rechtlichen Ordnung eines Berufsbildes sind, und deren Vorhandensein jeweils aus der Berufsart sich ergebene Nachteile und Gefahren verhüten soll. Die oben wiedergegebenen Voraussetzungen für die Versagung der Erlaubnis im § 4 Abs. 1 Ziff. 1 bis 3 lassen erkennen, daß es sich um solche subjektiven Voraussetzungen handelt, die die persönliche Zuverlässigkeit und wirtschaftliche Sicherheit der Treuhänder gewährleisten sollen. Sie entsprechen also, um es in der Sprache des Bundesverfassungsgerichts auszudrücken, dem Prinzip der Verhältnismäßigkeit, sind zumutbar und in keiner Richtung belastend. Der Beruf der Verwertungsgesellschaft ist eine neue untypische Tätigkeit, deren Gemeinschaftswert der Gesetzgeber zu prüfen hat. Aber auch die Aufsicht verfolgt im § 19 Abs. 1 bis 3 nur Beobachtungs- und Überwachungsfunktionen in einer durchaus milden Form und in einem tragbaren Umfang; von einem verwaltungsmäßigen sachlichen Bestimmungs- oder Eingriffsrecht ist nicht die Rede.

In dem schon oben zitierten Urteil des BVerfGE 13, 97 heißt es:

> „Schutzwürdigkeit sind hier nicht nur ‚absolute', d. h. allgemein anerkannte und von der jeweiligen Politik des Gemeinwesens unabhängige Gemeinschaftswerte (wie z. B. die Volksgesundheit). Der Gesetzgeber kann auch Gemeinschaftsinteressen zum Anlaß von Berufsregelungen nehmen, die ihm nicht in diesem Sinne ‚vorgegeben' sind, die sich vielmehr erst aus seinen besonderen wirtschafts-, sozial- und gesellschaftspolitischen Vorstellungen und Zielen ergeben, die er also erst selbst in den Rang wichtiger Gemeinschaftsinteressen erhebt. In solchen Fällen kann das BVerfG die Berufsregelungen nicht schon deswegen beanstanden, weil die ihnen zugrunde liegenden politischen Auffassungen umstritten sind. Das Gericht ist insoweit auf die Prüfung beschränkt, ob die öffentlichen Interessen, deren Schutz die gesetzliche Regelung dient, überhaupt Gemeinschaftswerte von so hohem Rang

darstellen können, daß sie eine Einschränkung der freien Berufswahl rechtfertigen. Den Anschauungen des Gesetzgebers hierüber darf es die Anerkennung nur versagen, wenn sie offensichtlich fehlsam oder mit der Wertordnung des GG unvereinbar sind."

Auch in diesem Zusammenhang muß der hohe Gemeinschaftswert der von den Verwertungsgesellschaften verwalteten fremden persönlichkeits- und vermögensrechtlichen Interessen wiederholt hervorgehoben werden, und zwar liegt die Betonung qualitativ auf der zum Teil gesetzlich erzwungenen monopolartigen Treuhandschaft für Rechte auf dem Gebiet der allgemeinen und kulturellen Musikpflege (vgl. Art. 5 Abs. 3 GG) und quantitativ auf der Zahl der Treugeber und in der Höhe ihrer in viele Millionen DM gehenden Ansprüche [5]).

Fünf Fragen tauchen daneben noch auf:

1. Die Anwendung der Grundrechte des Art. 12 Abs. 1 GG auf juristische Personen kann heute als herrschende Meinung angesehen werden (vgl. *v. Mangoldt-Klein,* GG. 2. Aufl., Anm. VI 4 zu Art. 12 GG und *Abraham,* Bonner Kommentar Anm. B. II 6 zu Art. 12 GG.)

2. Eine Verletzung der Koalitionsfreiheit nach Art. 9 Abs. 3 GG kommt nach der ganzen Struktur der Verwertungsgesellschaften nicht in Betracht (so auch *Ridder,* aaO. S. 22, vgl. ferner *Mangoldt-Klein,* aaO Art. 9 Anm. V 3).

3. Neben der gemeinsamen Wahrnehmung der Rechte bildet die treuhänderische Verwaltung die wichtigste Voraussetzung für die im Gesetz vorgesehenen Schranken (vgl. Begründung zum RegE BT-Drucks. IV/27 zu § 1 S. 13 = UFITA Bd. 46 [1966] S. 288). Es gibt zwar keinen gesetzlich oder verfassungsmäßig verankerten Grundsatz, daß jede treuhänderische Wahrnehmung fremder Rechte erlaubnispflichtig sei oder eine Staatsaufsicht erfordere, aber er ergibt sich sowohl aus anderen ähnlichen rechtlichen Tatbeständen und ihren gesetzlichen Regelungen als aus der besonderen Rechtsgestaltung der Verwertungsgesellschaften. Es ist auf

---

[5]) Alle die bestehenden Verwertungsgesellschaften erstreben, soweit ersichtlich, keinen Gewinn. Im § 2 Ziff. 1 Satz 2 der GEMA-Satzung heißt es: „Seine Einrichtung ist gemeinnützig und nicht auf die Erzielung von Gewinn gerichtet." **Wenn auch hier die Gemeinnützigkeit auf einer anderen** Ebene liegt als das in Art. 12 Abs. 1 GG angesprochene Gemeinschaftsgut, so sind doch beide Begriffe benachbart. Im § 7 des Gesellschaftsvertrages der Gesellschaft zur Verwertung von Leistungsschutzrechten mbH ist nur ausgesprochen, daß „die Geschäftsführung entsprechend dem satzungsmäßigen Zweck der Gesellschaft so einzurichten (ist), daß für die Gesellschaft keine Gewinne erzielt werden". **Der Sachverhalt ist derselbe und die Gemeinnützigkeit auch ohne ausdrücklichen Satzungshinweis ebenfalls gegeben.**

das Gesetz über das Kreditwesen vom 20. Juli 1961 (BGBl. I S. 881) hinzuweisen; Kreditinstituten liegt vornehmlich die treuhänderische Durchführung von Rechtsgeschäften ob: das Einlagen-, Kredit-, Effekten- und Depotgeschäft (§ 1 Abs. 1 Ziff. 1, 2, 4 und 5). Daraus folgen die Erlaubnispflicht und die übrigen staatlichen Aufsichtsrechte (§ 32 ff.); Genossenschaften stehen nach § 53 ff. des Gesetzes betr. die Erwerbs- und Wirtschaftsgenossenschaften vom 1. Mai 1889 (RGB1. I S. 55) unter weitgehender Aufsicht. Das gleiche gilt für die Versicherungen und die Bausparkassen (Gesetz über die Beaufsichtigung der privaten Versicherungsunternehmungen und Bausparkassen vom 6. Juni 1931). Mag der Hauptgrund der Kontrolle über diese Institute in der wirtschaftlichen Sicherung der Beteiligten liegen, so ist dennoch die treuhänderische Tätigkeit die gemeinsame Grundlage und erste Ursache des staatlichen Eingriffs.

Ganz abgesehen davon, daß auch bei den Verwertungsgesellschaften das Treuhandvermögen sich in Größenordnungen bewegt, die über den Umsätzen vieler Genossenschaften und Bausparkassen liegt, erhalten sie bei Berücksichtigung der Monopolstellung und der Einwirkungsmöglichkeit ihrer Tätigkeit auf die Freiheit des künstlerischen Schaffens einen quasi öffentlichen Rang. Trotz der Akzentverschiebung von der wirtschaftlichen auf die kulturelle Bedeutung bleiben der gleiche treuhänderische Grundcharakter und die sich daraus ergebenden Aufgaben, Pflichten und Gefahren bestehen.

4. Ferner möge noch ein Gesichtspunkt erörtert werden, welchen *Schulze* (Urheberrecht in der Musik, 3. Aufl., S. 55) in die Debatte geworfen hat, und den auch *Nellen-Holtkotten* in ihr Gutachten übernommen haben. Dadurch, daß Mitglieder und Berechtigte der GEMA nur Komponisten, Textdichter und Musikverleger oder deren Rechtsnachfolger werden könnten, hätten, heißt es aaO. „die Mitglieder und Berechtigten das Schicksal ihrer Organisation selbst in der Hand, ... die Rechtsträger (Urheber oder Rechtsnachfolger) seien in den Organen, Mitgliederversammlung und Aufsichtsrat, selbst vertreten, daß die Mitglieder und Berechtigten der GEMA also praktisch ihre Geschäfte im eigenen Namen und auf eigene Rechnung führten". Diese etwas gewagte Konstruktion kann auch mit Hilfe des sog. D u r c h g r i f f s auf die in der juristischen Person zusammengefaßten Mitglieder und Berechtigten (die gar nicht Mitglieder sind) nicht zum Ziel führen. Der Durchgriff bei juristischen Personen ist nach der Rechtsprechung des Bundesverfassungsgerichts nur in besonders gelagerten Fällen zulässig. Das von Nellen-Holtkotten zitierte Urteil des BVerfGE 18, 224 = NJW 1965, 243

führt gerade zum entgegengesetzten Ergebnis, da es die Grenzen eines solchen Durchgriffs klar umreißt. Das Urteil bezieht sich auf steuerrechtliche Vorgänge, weist darauf hin, daß sogar das Zivilrecht in gewissen Fällen Durchgriffe bei juristischen Personen kenne, und führt weiter aus:

> „Um typische Durchgriffe handelt es sich auch, wenn der Zweck einer Norm ohne Durchgriff nicht erreicht werden könnte (BVerfGE 13, 331 (340) = NJW 1962, 435). Darüber hinaus haben auch das RG und der BFH in ständiger Rechtsprechung die Rechtsform der juristischen Person außer acht gelassen, wenn dies etwa ‚die Natur der Sache', ‚die Wirklichkeiten des Lebens', ‚die wirtschaftlichen Bedürfnisse' und ‚die Macht der Tatsachen' geboten (RGZ 103, 64; 169, 248; BGHZ 17, 19 = NJW 1955, 745; BGHZ 20, 4 = NJW 1956, 785; BGHZ 21, 378 = NJW 1957, 19; BGHZ 22, 226 = NJW 1957, 181)."

Begonnen hat die Durchgriffstheorie bei Rechtsverhältnissen der Ein-Mann-GmbH., sie ist aber niemals dort angewandt worden, wo die Einflußsphäre des einzelnen Gesellschafters, Aktionärs oder Vereinsmitgliedes infolge der Masse der Beteiligten verlorengegangen und die personale Struktur der anonymen gewichen war. Geht man von einer Mitglieder- und Berechtigtenzahl von über 100 000 bei der GEMA und ca. 9000 bei der GVL aus, so wird der Durchgriff offenkundig illusorisch, da die einzelnen weder theoretisch noch praktisch „ihre Geschäfte im eigenen Namen und auf eigene Rechnung" führen können. Das Gegenteil ist richtig. Die Verwertungsgesellschaft — Verein oder GmbH — führt ihre treuhänderischen Geschäfte im eigenen Namen, und die Stellung der einzelnen Mitglieder und Berechtigten ist nicht anders als die der Aktionäre, die auch ihren Aufsichtsrat wählen und die ebensoviel oder ebensowenig als Eigentümer einer Aktie über DM 1000,— das Schicksal ihrer Organisation bei einem Grundkapital von 100 Millionen DM in der Hand haben.

5. Schließlich sei noch ein Einwand erwähnt, der wohl nur dazu dienen soll, das Argument der mangelnden Notwendigkeit einer staatlichen Aufsicht zu unterstreichen, daß nämlich rechtsfähige Vereine kraft staatlicher Verleihung (§ 22 BGB) bereits einer Vereinsaufsicht unterlägen. Dieser Einwand geht aus zwei Gründen fehl: Nicht alle Verwertungsgesellschaften haben die Form eines Vereins und werden daher von dieser Aufsicht nicht erfaßt; soweit dies der Fall ist, ist jedoch die gerichtliche Aufsicht formaler und nicht fach-

licher Natur (§§ 56 ff. BGB). Die Verwaltungsbehörden haben nach § 61 BGB ein Einspruchsrecht, wenn der Verein nach dem öffentlichen Vereinsrecht unerlaubt ist oder verboten werden kann. Bei den Verwertungsgesellschaften handelt es sich aber um erlaubte und von Gesetzes wegen mit besonderen Rechten ausgestattete Organisationen.

Neben die Erlaubnispflicht des § 1 und die Aufsicht nach den §§ 18 bis 20 tritt gemäß **§ 24** durch eine verfügte Änderung des Gesetzes gegen Wettbewerbsbeschränkungen eine weitere Aufsicht hinzu. Diese **Doppelaufsicht,** die im Laufe der parlamentarischen Verhandlungen Anlaß vieler Überlegungen gewesen ist, erweckt zuerst den Anschein, als ob das Institut der Verwertungsgesellschaft besonders strenger Überwachung bedürfe. Das ist nicht der Fall. Die zweifache, im übrigen in beiden Fällen sehr abgeschwächte Aufsicht ergibt sich aus der Besonderheit der Rechtssituation und bezieht sich auf zwei ganz verschiedene Bereiche. Das beweist schon die Verschiedenheit der Aufsichtsbehörden: einmal ist es das Patentamt und das anderemal das Bundeskartellamt.

Das Gesetz geht mit Recht davon aus, daß die Verwertungsgesellschaften mit ihrem Monopolcharakter marktbeherrschende Unternehmen sind. Auch hier ist die GEMA der Modellfall gewesen, die in Betracht kommenden rechtlichen Merkmale der übrigen Verwertungsgesellschaften sind jedoch die gleichen. Schon im Entwurf eines Gesetzes gegen Wettbewerbbeschränkungen wird die GEMA als typisches Beispiel eines marktbeherrschenden Unternehmens genannt (siehe BT.-Drucksache III/3462). Dort heißt es (S. 33):

> „Es ist im übrigen gleichgültig, worauf die marktbeherrschende Stellung zurückzuführen ist. Sie kann auf der natürlichen Entwicklung des Marktes beruhen, die einem Unternehmen infolge Preiswürdigkeit, Qualität und geschickter Werbung für ein Produkt diese Stellung gebracht hat. Sie kann auch auf rechtlichen Umständen beruhen, so, wenn für bestimmte Erzeugnisse ein Patentschutz besteht, so daß daneben Erzeugnisse gleicher Art nicht hergestellt und vertrieben werden können. Ein ähnlicher Fall liegt bei der Gesellschaft für musikalische Aufführungs- und mechanische Vervielfältigungsrechte (GEMA) vor; diese Gesellschaft vereinigt fast sämtliche Musikaufführungsrechte in ihrer Hand, so daß jeder Musikveranstalter gezwungen ist, die Genehmigung zur Verwertung von Musikaufführungsrechten bei ihr einzuholen."

Bas Bundeskartellamt hat sich dieser Ansicht in einer Verfügung vom 18. November 1960 angeschlossen. Sie lautet [6]):

„Die 4. Beschlußabteilung des Bundeskartellamtes teilt Ihnen nunmehr auch schriftlich mit, daß die GEMA aus den in der mündlichen Unterredung im einzelnen genannten Gründen nicht mehr als ein nach § 1 GWB unwirksames Kartell angesehen wird, jedoch mit Rücksicht darauf, daß sie als einzige Verwertungsgesellschaft auf ihrem Gebiet eine faktische Monopolstellung innehalt, als marktbeherrschendes Unternehmen im Sinne des § 22 GWB angesehen wird. Damit hat das Bundeskartellamt unter Berücksichtigung von Literatur und Rechtsprechung zu dieser Frage sich für die den Bestand einer Verwertungsgesellschaft nicht antastende und damit zugleich auch zweckmäßigste Lösung entschieden. Es ist beabsichtigt, diese Stellungnahme des Bundeskartellamtes auch im Jahresbericht für 1960 zu erwähnen."

Schließlich hat das Bundeskartellamt in einem Bescheid der 4. Beschlußabteilung (GRUR 1963, 643 = UFITA Bd. 40 [1963] S. 235) unter ausdrücklicher Verneinung der Kartelleigenschaft diese Auffassung nochmals wiederholt und ausgeführt:

„Das Bundeskartellamt hat bisher die GEMA (Jahresbericht des BKartA für 1960, Bundestagsdrucksache Nr. 2734, 3. Wahlperiode, S. 18), die Verwertungsgesellschaft WORT und die Gesellschaft zur Verwertung von Leistungsschutzrechten (GVL) unter kartellrechtlichen Gesichtspunkten überprüft und ist zu der Auffassung gelangt, daß diese drei Gesellschaften keine Kartelle sind."

Nach Zitierung der in der Literatur zutage getretenen bejahenden und ablehnenden Stimmen heißt es weiter (UFITA, aaO. S. 244 f.):

„Die Tätigkeit der Urheberrechtsverwertungsgesellschaften besteht darin, im Interesse ihrer Mitglieder entgeltliche Aufführungsgenehmigungen zu erteilen. Deshalb sind sie . . . auch Unternehmen im Sinne der §§ 1 und 22 GWB. Da die Urheberrechte wirtschaftlich ausgewertet werden, handelt es sich um gewerbliche Leistungen im Sinne dieser Vorschrift. Solange nicht mehrere Urheberrechtsverwertungsgesellschaften im Geltungsbereich des GWB tätig sind, die Urheberrechte der gleichen Art verwerten, sind die bestehenden Gesellschaften sowohl gegenüber den Autoren und Verlegern bzw. Schallplattenproduzenten

[6]) Az. B IV — 748 100 — A — 244/66 — Sie wird hier wiedergegeben, da sie, soweit ersichtlich, nicht veröffentlicht ist. Ich entnehme sie einer mir freundlichst zur Verfügung gestellten Abschrift der Stellungnahme der GEMA vom 4. Dezember 1964 zum RegE eines VerwGG, die an den Rechtsausschuß und andere BT-Ausschüsse und verschiedene Abgeordnete gerichtet war.

als auch gegenüber den Verwertern marktbeherrschende Unternehmen."

Daß die Verwertungsgesellschaften keine Kartelle, wohl aber marktbeherrschende Unternehmen sind, ist zwar umstritten, kann aber als überwiegende Meinung angesehen werden [7]). Eine gerichtliche Entscheidung liegt bislang nicht vor. Unterstellt man diese Rechtslage, so sind die Verwertungsgesellschaften auf Grund des § 22 GWB der Mißbrauchsaufsicht des Bundeskartellamts unterworfen. Das Gesetz trägt dem Rechnung, es hebt mit dem neueingefügten **§ 102a GWB** die Anwendung des § 1 dieses Gesetzes über die Unwirksamkeit wettbewerbsbeschränkender Kartellverträge und des § 15 GWB über die Nichtigkeit der dort genannten sonstigen Verträge hinsichtlich der Verwertungsgesellschaften auf, läßt aber im übrigen vorsorglich Spielraum für eine Aufsicht des Bundeskartellamts in bezug auf Verträge und Beschlüsse, die außerhalb der im § 1 umrissenen Tätigkeit der Verwertungsgesellschaften und der typischen Vorgänge nach §§ 12 und 13 liegen.

Die Regelung entspricht der des § 102 GWB. Sie ist auch nicht deshalb überflüssig, weil Verwertungsgesellschaften keine Kartelle sind. Zweck der Bestimmung ist es, gegebenenfalls rein wirtschaftliche wettbewerbsbeschränkende Verträge und Beschlüsse der Prüfung des Bundeskartellamts vorzubehalten (siehe Begründung des RegE S. 12 = UFITA Bd. 46 [1966] S. 286 f.). Es ist daher irrelevant, ob Verwertungsgesellschaften Kartelle sind oder nicht, ausschlaggebend ist, daß sie Unternehmen im Sinne des GWB und Verträge schließen oder Beschlüsse fassen können, die die Marktverhältnisse durch Beschränkung des Wettbewerbs zu beeinflussen vermögen. § 102a GWB befreit die Verwertungsgesellschaften i. S. des § 1 grundsätzlich von den kartellrechtlichen Folgen, die sich aus den §§ 1 und 15 GWB ergeben, schließt aber die Lücke, die durch diese Freistellung entsteht, durch die Vorschrift des Absatzes 2, die das Bundeskartellamt ermächtigt, den Verwertungsgesellschaften Maßnahmen zu untersagen, und Verträge und Beschlüsse für unwirksam zu erklären, die einen Mißbrauch ihrer Stellung im Markt darstellen. Dies ist nicht nur dem Anschein nach eine Privilegierung, sondern für die gesamte in den Grenzen ihres normalen Aufgabenbereichs ausgeübte Tätigkeit der Verwertungsgesellschaften eine echte Befreiung mit der Einschränkung des Absatzes 2 Satz 1 im neuen § 102a GWB.

---

[7]) Siehe vor allem Mestmäcker „Sind urheberrechtliche Verwertungsgesellschaften Kartelle?", Bd. 20 der Schriftenreihe der InterGU., 1960.

Die weiteren Bestimungen des § 102a GWB grenzen die Befugnisse des Bundeskartellamtes in zwei Fällen ab: Wenn ein Streit über den Inhalt eines Gesamtvertrages oder eines Vertrages mit einem Sendeunternehmen nach § 14 VerwGG durch die Schiedsstelle verbindlich entschieden worden ist, so ist ein Eingriff des Bundeskartellamts nur zulässig, soweit in dem Vertrag Bestimmungen zum Nachteil Dritter enthalten sind oder soweit der Vertrag mißbräuchlich gehandhabt wird. Ist der Inhalt des Vertrages nach § 15 VerwGG durch das Oberlandesgericht festgesetzt worden, so stehen dem Bundeskartellamt die Befugnisse nur im Falle der mißbräuchlichen Handhabung des Vertrages zu.

§ 102a Abs. 3 GWB erstrebt die Koordinierung der beiden Aufsichtsbehörden. § 91 GWB (Nichtigkeit von Schiedsverträgen) ist zwar grundsätzlich auch auf Verwertungsgesellschaften anzuwenden, aber durch Hinzufügung des 3 Absatzes in § 102a GWB den rechtlichen Besonderheiten der Verwertungsgesellschaft angepaßt.

Ridder erblickt (aaO. S. 32, 33) im § 102a GWB — allerdings mit einer ziemlich summarischen Begründung — eine unzulässige gegen Art. 9 Abs. 1 i. V. m. Art. 5 Abs. 3, Art. 3 Abs. 1 und den Grundgedanken von Art. 9 Abs. 3 GG verstoßende Beschränkung zur Vereinigungsfreiheit. Auch *Nellen-Holtkotten* halten § 24 (mit der Einschaltung des § 102a GWB) wegen Verstoßes gegen Art. 3 Abs. 1 GG für verfassungswidrig (aaO. S. 19 bis 23).

Ich halte die Einwände nicht für überzeugend. *Ridder* kritisiert den neuen § 102a GWB deshalb, weil er „die Verwertungsgesellschaften im Unterschied zu anderen marktbeherrschenden Unternehmen einer (allerdings eingeschränkten) Kartellaufsicht unterstelle, die zu der . . . Staatsaufsicht durch das Patentamt und seinen Präsidenten noch hinzutrete". Er meint, es sei nicht ersichtlich, weshalb die „Ware Urheberanspruch" gefährlicher sein sollte als andere Waren in Händen von Monopolunternehmen, sodaß diese weitgehende Staatsaufsicht zu rechtfertigen wäre.

Der Vorwurf der Doppelaufsicht der Verwertungsgesellschaften und der Verletzung des Gleichheitssatzes des Art. 3 Abs. 1 GG geht fehl. Es ist anerkannt Rechtens und sollte keine weitere Diskussion hervorrufen, daß der Gleichheitssatz es nicht verbietet, die Aufsichtsbefugnisse gegenüber marktbeherrschenden Unternehmen verschieden zu regeln. Den besten Beweis bilden die Sondervorschriften des § 102 GWB für Kreditinstitute, Versicherungsunternehmen und Bausparkassen (siehe oben). Die marktbeherrschenden Unternehmen sind nach ihrer Struktur und Zielsetzung höchst verschieden und erfordern daher auch vom Gesetzgeber eine der jeweilgen Eigenart entsprechende unterschiedliche Regelung. Das schließt grundsätzlich auch die Möglichkeit ein, Gesetze im Interesse einzelner Gruppen zu erlassen (BVerfGE 4, 7 — Investitionshilfe). Zu prüfen ist lediglich, ob der Gesetzgeber „die äußersten Grenzen seines Ermessens innegehalten und diese nicht mißbraucht hat". Überblickt man den gesamten Sachverhalt, die Treuhandstellung der Verwertungsgesellschaften, ihren monopolartigen marktbeherrschenden Charakter, die Wahrnehmung von Rechten in einer nicht mehr übersehbaren Zahl, das Interesse an dem Schutz der „Ware Urheberanspruch", d. h. der auf die Verwertungsgesellschaften angewiesenen Urheber und Künstler und das öffentliche Interesse an ihrer wirtschaftlichen Sicherung, so wird man ohne Zweifel zu dem Ergebnis gelangen, daß der Gesetzgeber durch die Einführung der Fachaufsicht und der Kartellaufsicht sich „am Gedanken der Gerechtigkeit orientiert" und die äußersten Grenzen des ihm eingeräumten Ermessens nicht überschritten und nicht einmal erreicht hat.

Zweiter Abschnitt

Rechte und Pflichten der Verwertungsgesellschaft

(§§ 6 bis 17)

Die **Rechte und Pflichten der Verwertungsgesellschaft** werden im Zweiten Abschnitt in den §§ 6 bis 17 behandelt. **§ 6** statuiert den **Wahrnehmungszwang.** Jede Verwertungsgesellschaft ist verpflichtet, die zu ihrem Tätigkeitsbereich gehörenden Rechte und Ansprüche auf Verlangen der Berechtigten unter drei Voraussetzungen wahrzunehmen:

a) Der Berechtigte muß Deutscher im Sinne des Grundgesetzes sein oder seinen Wohnsitz (Sitz) im Geltungsbereiche des Gesetzes haben (also in der Bundesrepublik oder Berlin nach § 27 i. V. m. § 13 Abs. 1 des 3. Überleitungsgesetzes vom 4. Januar 1952, BGBl. I. S. 1);

b) die Wahrnehmung muß zu angemessenen Bedingungen erfolgen und

c) eine wirksame Wahrnehmung der Rechte oder Ansprüche darf anders nicht möglich sein.

Der Kreis, der von den einzelnen Verwertungsgesellschaften wahrzunehmenden Rechte und Ansprüche ergibt sich aus deren Satzungen und den von ihnen abzuschließenden Berechtigungsverträgen, vor allem handelt es sich um die Wahrnehmung von Aufführungsrechten, um Rechte der Hörfunk- und Fernsehsendungen, der Lautsprecherwiedergabe und um Filmaufführungsrechte (vgl. hierzu z. B. die Berechtigungsverträge der GEMA, der GVL usw.).

Der Wahrnehmungszwang leitet sich aus dem Monopolcharakter der Verwertungsgesellschaften her. Die beiden Bestimmungen zu b) und c) sind Regulative des Zwanges. Auf der einen Seite muß die Verwertungsgesellschaft die Wahrnehmung zu angemessenen, d. h. den gleichen oder doch ähnlichen Bedingungen durchführen, wie das gegenüber den Mitgliedern geschieht. Differenzen sind durchaus möglich, wenn z. B. die vereinzelte und nicht regelmäßige Durchsetzung der Rechte und Ansprüche eine verwaltungsmäßige Mehrarbeit und Kosten bedeutet. Auf der anderen Seite entfällt die Verpflichtung, wenn eine wirksame Wahrnehmung der Rechte und Ansprüche in anderer Weise als durch die angesprochene Verwertungsgesellschaft möglich ist, sei es, daß mehrere Verwertungsgesellschaften auf dem gleichen Gebiete bestehen, sei es, daß der einzelne selbst imstande ist, seine Ansprüche gegen eine beschränkte Zahl von Benutzern (Schallplattenhersteller oder Sendeunternehmen) geltend zu machen.

§ 6 Abs. 2 bietet die Gewähr für eine billige und gerechte Berücksichtigung derjenigen Berechtigten, die nicht Mitglieder einer Verwertungsgesellschaft, also nicht als Vereinsmitglieder, Gesellschafter, Genossen bzw. in anderer rechtlicher Stellung in die Organisation einer Verwertungsgesellschaft aufgenommen sind. Für sie ist eine besondere gemeinsame Vertretung zu bilden, deren Wahl und Befugnisse in der Satzung der Verwertungsgesellschaft zu regeln sind. Das Modell dieser gesetzlichen Bestimmung hat offenbar die bei der GEMA durchgeführte Regelung gegeben (siehe RegE BT-Drucksache IV/271 zu § 6 S. 16 = UFITA Bd. 46 [1966] S. 280).

Nach den Vorschriften des **§ 7** ist ein **Verteilungsplan** aufzustellen. Dabei ist der Grundsatz zu befolgen, daß kulturell bedeutende Werke und Leistungen zu fördern sind. Das entspricht der bisherigen Übung der GEMA (vgl. §§ 2 Abs. 3 und 17 der GEMA-Satzung und Verteilungsplan in der Neufassung auf Grund der Beschlüsse in der außerordentlichen Mitgliederversammlung vom 19. Januar 1965 in *Schulze* „Urheberrecht in der Musik“, 3. Aufl., S. 191 bzw. 203ff.). Die Grundsätze des Verteilungsplanes sind in die Satzungen der Verwertungsgesellschaft aufzunehmen.

Die Gründung von **Vorsorge- und Unterstützungseinrichtungen** der Verwertungsgesellschaften für die Inhaber der von ihr wahrzunehmenden Rechte oder Ansprüche ist nach **§ 8** lediglich eine Sollvorschrift, also weder gerichtlich noch im Verwaltungswege durchsetzbar. Das ist insbesondere deshalb von Bedeutung, weil beim Vorhandensein einer solchen sozialen Einrichtung für Mitglieder die sog. Berechtigten, die nicht Mitglieder sind, keine Ansprüche erheben können, falls dies nicht etwa in der Satzung vorgesehen ist. Vorbild ist auch hier die Sozialkasse der GEMA gewesen (vgl. § 17 der GEMA-Satzung i. V. m. der Satzung der GEMA-Sozialkasse, siehe bei Schulze, aaO. S. 236 ff.).

§ 9 enthält eingehende Bestimmungen über die **Rechnungslegung und Prüfung,** die keine Rechtsprobleme aufwerfen und daher keiner weiteren Erörterung bedürfen; sie sind den aktienrechtlichen Vorschriften nachgebildet und so gefaßt, daß sie auch von Organisationen ohne weiteres befolgt werden können, die nicht Aktiengesellschaften sind. So spricht Absatz 1 von der Jahresbilanz und der Aufwands- und Erfolgsrechnung (Jahresabschluß) und nicht von der Gewinn- und Verlustrechnung (siehe § 148 AktG).

Die im **§ 10** verfügte **Auskunftspflicht** soll den an Nutzungsrechten Interessierten die Feststellung erleichtern, von welcher Verwertungsgesellschaft sie die Einwilligung zur Nutzung bestimmter Werke oder Leistungen einholen müssen. Die Auskunft ist jedermann, also ohne Angabe, Beweis oder Glaubhaftmachung eines berechtigten Interesses auf schriftliches Verlangen kostenlos zu erteilen.

Das Korrelat zum Wahrnehmungszwang des § 6 bildet der **Abschlußzwang** des **§ 11.** Hiernach ist die Verwertungsgesellschaft verpflichtet, auf Grund der von ihr wahrgenommenen Rechte jedermann auf Verlangen zu angemessenen Bedingungen Nutzungsrechte einzuräumen oder Einwilligungen zu erteilen. Auch diese Pflicht ist eine Folge der Monopolstellung und dient dem Schutze der Verwerter, die zur Ausübung der Nutzungsrechte auf einen Berechtigungsvertrag angewiesen sind. Wird ihnen der Abschluß verweigert oder nur zu unangemessenen Bedingungen angeboten, so ist ihnen jeder Weg versperrt, solange es für jeden Bereich nur eine Verwertungsgesellschaft gibt, die Entwicklung auch dahin tendiert, und selbst dann, wenn mehrere Verwertungsgesellschaften nebeneinander bestehen, nicht dieselben Werke, Urheber und Leistungsschutzberechtigten vermittelt werden können. In richtiger Würdigung dieser Rechtslage hat auch die GEMA bereits in ihrer Satzung (§ 2 Ziff. 2 Abs. 2 Satz 2) solche Mißbräuche zu steuern versucht und sich verpflichtet, jedem die notwendige Genehmigung zu erteilen, es sei denn, daß die Erteilung der Genehmigung der Wahrung berechtigter Interessen des Vereins oder der Berechtigten widerspricht. Für die gesetzliche Regelung mußte eine weitergehende Fassung gewählt werden, da der Gesetzgeber in diesen Fällen es nicht der einzelnen

Verwertungsgesellschaft überlassen konnte, die Frage, ob durch die Einräumung der Nutzungsrechte berechtigte Interessen des Vereins oder des Berechtigten verletzt werden, selbst in eigener Sache und unanfechtbar zu entscheiden.

Einen weiteren, die Interessen des Endverwerters sichernden Schutz bietet der Abs. 2 insofern, als im Falle eines Streites die Höhe der Vergütung für die Einräumung der Nutzungsrechte oder Erteilung der Einwilligung die Nutzungsrechte als eingeräumt oder die Einwilligung als erteilt gelten, wenn die von der Verwertungsgesellschaft geforderte Vergütung unter Vorbehalt an die Verwertungsgesellschaft gezahlt oder zu ihren Gunsten hinterlegt worden ist. Die Streitfrage muß im ordentlichen Gerichtsverfahren entschieden werden, da die Schiedsstelle (§ 14) für solche Rechtsstreitigkeiten nicht zuständig ist. Auch der ausschließliche Gerichtsstand des § 17 kommt nicht in Betracht, da er nur für Rechtsstreitigkeiten über Ansprüche einer Verwertungsgesellschaft wegen Verletzung eines von ihr wahrgenommenen Nutzungsrechtes oder Einwillungsrechtes gilt. Zuständig wird meist das Gericht am Sitze der Verwertungsgesellschaft sein und damit in der Regel das nach § 105 UR bestimmte Gericht. Bis zur Rechtskraft des Urteils wird die Einräumung der Nutzungsrechte oder die Erteilung der Einwilligung fingiert.

Die Bestimmung über **Gesamtverträge (§ 12)** und die Aufstellung von **Tarifen (§ 13)** sind die gesetzliche Zusammenfassung dessen, was bereits seit längerer Zeit Übung bei der GEMA gewesen ist. Die von ihr mit Verwertervereinigungen geschlossenen Rahmenverträge und das von ihr geschaffene Tarifwerk sind das Vorbild für die genannten Vorschriften gewesen. Das wird in der Begr. des RegE S. 17 = UFITA Bd. 46 (1966) S. 282 offen anerkannt. Den besten Überblick bieten die bei Erich *Schulze* „Urhebervertragsrecht" (Schriftenreihe der UFITA, Heft 14) und in „Urheberrecht in der Musik" (3. Aufl., 1965) im Anhang wiedergegebenen zahlreichen Verträge und abgedruckten Tarife. Die Notwendigkeit des Abschlusses von Gesamtverträgen hat sich aus der Praxis ergeben, ebenso wie die bis ins einzelne ausgearbeiteten verschiedenen Tarife aus der Erfahrung heraus entstanden sind. Sie dienen bei der Vielzahl der Beteiligten und Berechtigten der Rechtssicherheit, der Rechtsgleichheit und der Vereinfachung des Rechtsverkehrs. Der Fall des § 53 Abs. 5 UR führt das besonders deutlich vor Augen.

§ 12 enthält eine geringe Einschränkung der Verpflichtungen für den Fall, daß der Verwertungsgesellschaft der Abschluß eines Gesamtvertrages nicht zuzumuten ist, weil z. B.

die Vereinigung eine zu geringe Mitgliederzahl hat. Bei **§ 13** mag nur auf den 3. Absatz hingewiesen werden, der den Verwertungsgesellschaften als Sollvorschrift nahelegt, bei der Tarifgestaltung oder Einziehung der tariflichen Vergütung auf religiöse, kulturelle und soziale Belange der zur Zahlung der Vergütung Verpflichteten einschließlich der Belange der Jugendpflege angemessene Rücksicht zu nehmen. Die Verwertungsgesellschaften werden diese Bevorzugung den Organisationen zur Jugendpflege gern einräumen, nachdem die gewünschte Freistellung ihrer Veranstaltungen im § 46 UR nicht anerkannt worden ist.

Anstelle des **Gesetzes über Vermittlung von Musikaufführungsrechten** vom 4. Juli 1933 und der dazu ergangenen Durchführungsverordnung vom 15. Februar 1934, die durch **§ 26** aufgehoben worden sind — soweit sie nicht infolge ihres nationalsozialistischen Charakters schon außer Kraft gesetzt waren —, ist **§ 16** getreten. Er spricht Selbstverständliches aus, nämlich, daß die Veranstalter von öffentlichen Wiedergaben urheberrechtlich geschützter Werke vor der Veranstaltung die Einwilligung der Verwertungsgesellschaft einzuholen haben, welche die Nutzungsrechte an diesen Werken wahrnimmt. Die Vorschrift ist eine Ergänzung des § 10 VerwGG über die Auskunftspflicht und eine natürliche Folge des § 15 Abs. 2 UR, wonach der Urheber das ausschließliche Recht der öffentlichen Wiedergabe hat. Die Bestimmung des zweiten Absatzes, daß der Veranstalter nach der Veranstaltung der Verwertungsgesellschaft eine Aufstellung über die bei der Veranstaltung benutzten Werke zu übersenden hat, erleichtert die Rechtsverfolgung; sie gilt nicht für die Wiedergabe eines Werkes mittels Tonträger und Wiedergaben von Funksendungen eines Werkes, da in diesen Fällen die Kontrolle durch den Schallplattenumsatz und aus den Rundfunkprogrammen ohne weiteres möglich ist. Soweit dennoch für die Verteilung von Einnahmen aus der Wahrnehmung von Rechten zur Wiedergabe von Funksendungen weitere Auskünfte der Sendeunternehmen erforderlich sind, haben diese der Verwertungsgesellschaft die Auskünfte gegen Erstattung der Unkosten zu erteilen. Der Gesetzgeber glaubte, diese Sonderbestimmung einfügen zu müssen, da sie sich zur Verteilung der Einnahmen als notwendig erwiesen hat, und weil der Rundfunk zur Zeit zwar der GEMA, aber nicht den anderen Verwertungsgesellschaften entsprechende Mitteilungen macht. Vermutlich hätte sich dieses Verfahren nach Erlaß des Gesetzes von selbst eingespielt. Die Bestimmung zeigt von neuem, wie wichtig es allein vom wirtschaftspolitischen Standpunkte ist, daß die Zahl der Verwertungsgesellschaften nicht nur eingeschränkt wird, sondern daß diese auf den speziellen Bereichen mit Monopolrechten ausgestattet werden, da eine Tätigkeit von mehreren Verwertungsgesellschaften nebeneinander eine für alle Beteiligten untragbare Belastung bedeuten würde.

Verfahrensrechtliche Vorschriften enthalten die §§ 14, 15 und 17. Für zwei Streifälle ist im **§ 14** unter Ausschluß des ordentlichen Rechtsweges ein Schiedsverfahren vor einer beim Patentamt zu bildenden **Schiedsstelle** angeordnet, nämlich wenn sich die Beteiligten nicht über den Abschluß oder die Änderung eines Gesamtvertrages nach § 12 oder eines Vertrages zwischen der Verwertungsgesellschaft und einem Sendeunternehmen über die von ihr wahrgenommenen Rechte oder Ansprüche einigen. Das Zuständigkeitsgebiet der Schiedsstelle ist also eingeengt und beispielsweise nicht gegeben bei Streitigkeiten über die Höhe der Vergütung beim Abschlußzwang (§ 11).

Gegenüber der endgültigen Fassung scheinen mir Bedenken aus § 80 GG, wie sie im Rechtsausschuß des Bundestags einmal ausgesprochen worden sind, nicht begründet zu sein. Eine Auseinandersetzung mit dieser rein theoretischen Frage ist m. E. überflüssig.

Die Entscheidung der Schiedsstelle kann innerhalb eines Monats nach Zustellung durch Antrag auf gerichtliche Entscheidung a n g e f o c h t e n werden (Abs. 5). Über den Antrag entscheidet endgültig das für den Sitz der Schiedsstelle zuständige Oberlandesgericht **(§ 15).**

Von einer Besprechung der Einzelheiten der §§ 14 und 15 kann abgesehen werden. Hervorgehoben sei, daß der Beschluß des Gerichts, falls er den Vertragsinhalt neu festsetzt, die entsprechenden Vereinbarungen der Beteiligten ersetzt, also konstitutiv wirkt. Im Verfahren vor dem Oberlandesgericht richten sich die Gebühren der Rechtsanwälte nach § 11 Abs. 1 Satz 2 der Bundesgebührenordnung für Rechtsanwälte **(§ 25)**, durch den ein neuer § 65 b der Gebührenordnung eingefügt worden ist.

§ 17 bestimmt für Rechtsstreitigkeiten über Ansprüche einer Verwertungsgesellschaft wegen Verletzung eines von ihr wahrgenommenen Nutzungsrechts oder Einwilligungsrechts das G e r i c h t als a u s s c h l i e ß l i c h zuständig, in dessen Bezirk die Verletzungshandlung vorgenommen worden ist oder der Verletzte seinen allgemeinen Gerichtsstand hat. § 105 UR bleibt unberührt. Die Regelung entspricht den Grundsätzen der §§ 12 und 32 ZPO. Die Berechtigungsverträge sehen im allgemeinen als Gerichtsstand den Sitz der Verwertungsgesellschaft vor (siehe § 13 des GEMA- und Ziff. V des GVL-Berechtigungsvertrages), was zu einer Erschwerung der Rechtsverteidigung des Betroffenen geführt hat. Bei mehreren Rechtsstreitigkeiten der genannten Art gegen denselben Verletzer kann die Verwertungsgesellschaft, falls verschiedene Gerichte nach Abs. 1 Satz 1 zuständig sind, alle Ansprüche bei einem dieser Gerichte geltend machen.

Dritter Abschnitt

Aufsicht über die Verwertungsgesellschaft

(§§ 18 bis 20)

Die Vorschriften über die Aufsichtsbehörde (§ 18), den Inhalt der Aufsicht (§ 19) und die Unterrichtungspflicht (§ 20) wurden oben im Zusammenhang mit der Frage der Verfassungswidrigkeit behandelt.

Vierter Abschnitt

Übergangs- und Schlußbestimmungen

(§§ 21 bis 28)

Die Übergangs- und Schlußbestimmungen (**§§ 21 bis 28**) sind zum Teil schon oben erwähnt. Sie behandeln unter anderem die **Vollstreckung von Verwaltungsakten,** die auf Grund dieses Gesetzes erlassen werden (**§ 21** betr. Zwangsgeld), stellen im **§ 22** diejenigen, die ein fremdes Geheimnis, namentlich ein **Betriebs- oder Geschäftsgeheimnis,** das ihnen in ihrer Eigenschaft als Angehöriger oder Beauftragter der Aufsichtsbehörde bekannt geworden ist, unbefugt offenbaren, unter Strafe. Das Delikt wird nur auf Antrag des Verletzten verfolgt. Schließlich läßt **§ 23** für die bereits bestehenden Verwertungsgesellschaften die **weitere Tätigkeit** im bisherigen Umfang ohne die nach § 1 erforderliche Erlaubnis **bis Ende 1966** zu. Bis zum gleichen Zeitpunkt kann die Aufsichtsbehörde eine Verwertunggesellschaft von einzelnen ihr nach dem Gesetz obliegenden Verpflichtungen befreien. Auf Antrag ist eine Verlängerung dieser Fristen längstens bis zum 31. Dezember 1969 zulässig.

Sachverzeichnis

Die Zahlen bezeichnen die Seiten

FSC
www.fsc.org
MIX
Papier | Fördert gute Waldnutzung
FSC® C083411

Kolibri 360 GmbH
Ferdinand-Jühlke-Straße 7
99095 Erfurt, Deutschland
produktsicherheit@kolibri360.de